取一舍九

企业经营的顶尖思维

李践 著

中信出版集团 | 北京

图书在版编目（CIP）数据

取一舍九：企业经营的顶尖思维 / 李践著 . -- 北京：中信出版社，2023.7（2026.1 重印）
ISBN 978-7-5217-5787-3

Ⅰ . ①取… Ⅱ . ①李… Ⅲ . ①企业经营管理－研究 Ⅳ . ① F272.3

中国国家版本馆 CIP 数据核字（2023）第 112739 号

取一舍九——企业经营的顶尖思维
著者：　李践
出版发行：中信出版集团股份有限公司
（北京市朝阳区东三环北路 27 号嘉铭中心　邮编　100020）
承印者：　北京通州皇家印刷厂

开本：880mm×1230mm　1/32　　印张：10　　字数：185 千字
版次：2023 年 7 月第 1 版　　印次：2026 年 1 月第 8 次印刷
书号：ISBN 978-7-5217-5787-3
定价：75.00 元

取一舍九，让企业经营

标准极高，动作极简，

成本极低，速度极快，

成果极大。

目 录

序

企业经营的顶尖思维和方法论

万物之始，大道至简，衍化至繁。大道至简是指把复杂冗繁的表象层层剥去，回归简单，用智慧化繁为简，找到事物的第一本质。

企业经营一招制胜的关键就在于取一舍九，找到企业各个经营环节的第一本质，取一招，学一招，练一招，用一招，舍九招。

“一”是第一本质

取舍的最高境界是取一舍九

要明白什么是取一舍九，我们首先要读懂“取”与“舍”。“取”是要、选择、取得,“舍”是不要、舍掉。贾谊的《治安策》

中说："取舍之极定于内，而安危之萌应于外矣。"将这句话放在企业经营的语境下来理解，就是说取和舍虽然是企业经营者内心做出的选择，却能影响企业的安危祸福。

我们很多人从小就听过蜥蜴断尾求生的故事，它揭示了自然界一条普遍的生存法则：适者生存，优胜劣汰。每一个物种要想生存繁衍，都要有所取、有所舍。老虎取了锋利的爪子和尖锐的牙齿，舍弃了爬树的技能，成了百兽之王。人类取了大脑，舍弃了用四肢在陆地上快速奔跑的优势，选择用智慧和得到解放的双手创造社会文明，从而成为地球的主宰。

企业经营也是如此。1978 年诺贝尔经济学奖得主赫伯特·亚历山大·西蒙说："管理就是决策。"这一定义切中了企业管理的要害。决策是经营企业的第一步，要先决定做什么，然后才是怎么做。企业经营者的决策，往往牵一发而动全身，决策的成功就是企业经营的成功。

企业经营者做决策的过程就是在做取舍；经营企业的过程，就是不断权衡、取舍的过程。企业成败的关键就在于企业经营者的取舍。

取舍不同，结果天壤之别。传说，龙和蛇本来是同根所生，后来有一部分龙族蜕去了沉重的鳞甲和龙角，舍弃了缠绕的龙须和赘余的龙爪。没有变的那些还是龙，腾云驾雾于九天之上；而抛弃了鳞甲、龙角、龙须、龙爪的那些变成了蛇，只能穿行于泥沼之中。

取舍有三重境界，如图 0-1 所示。

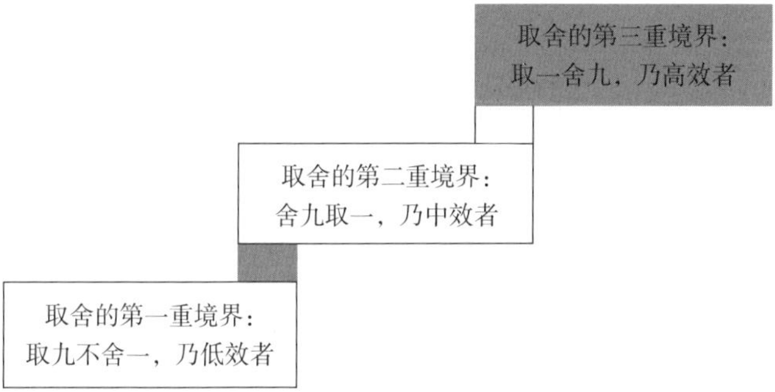

图 0-1　取舍的三重境界

取舍的第一重境界：取九不舍一，乃低效者

处于这一境界的企业经营者认为经营企业要做得多，只有做得多，企业才会赢利。这一类企业经营者在经营企业时“既要、又要、还要”，只知取不知舍，取了很多却不舍得放弃一个。有些企业经营者盲目追求产品多、用户广、市场大，希望通过增加产品线、买地买楼、多元化投资、开分公司等让企业赢利，正是因为陷入了这样的误区。

取九不舍一，乃低效者。首先，企业的每一个动作都是成本。企业经营者如果只取不舍，取得越多，企业成本就越高。具体来说，企业的产品研发、人员工资、土地和厂房的租赁或购买、市场开发等都是成本。企业经营者如果没有成本思维，那么他做的很多事情都是浪费时间、浪费资源，无法给企业创造价值。

其次，企业经营者如果只取不舍，取得越多，效率就越低，因为时间和资源是有限的。如果企业经营者把 80% 的时间和资源花在了不重要的产品、用户和员工身上，做不重要的事，那么这些不重要的事就会把企业经营者的时间和企业的资源浪费掉。

所以，在企业经营中，取九不舍一者，做得越多，企业死得越快。企业经营者如果没有成本思维和价值思维，经营中就会产生巨大的浪费，时间、精力和资源都没有被投入真正能产生回报的地方。一位经营者如何分配自己的时间、精力和企业的资源，将决定企业的经营策略，进而影响最终的经营成果。

取舍的第二重境界：舍九取一，乃中效者

处于这一境界的人，在面对企业经营过程中产生的问题时，能通过对问题表象的分析，获得更深层次的认识。他们会冷静地先舍弃不重要的因素，再去取自己想要做的事。处于这一境界的

企业经营者，比“取九不舍一”者要高一层次。舍九取一是一种正确的经营思维，不过，舍九取一还不够高效。

先舍九后取一，乃中效者。舍九取一是典型的“知易行难”，即说起来容易，做起来很难。它难在哪里？

首先，它难在方法上。要做到舍九取一，企业经营者要先“知十”，然后“舍九”，最后才能“取一”。运用到企业经营中，“知十”是指企业经营者要站在全局的高度，从用户视角、市场视角出发，了解事情的来龙去脉，了解全貌全局，看透每一个经营环节的本质，探究问题背后的问题，关系背后的关系，原因背后的原因，目的背后的目的。这一过程既要耗费企业经营者大量的时间和精力，又要耗费企业的大量资源，还更容易出错。

其次，它难在人性上。舍九取一要求企业经营者先舍后得，这对企业（特别是中小企业）而言非常不容易。很少有企业经营者能够抵御外部的各种诱惑。人天性喜欢多，喜欢做加法，喜欢求全。从某种意义上来说，舍九取一就是企业经营者对抗自己人性中的贪婪、自私等弱点的过程。

做企业不是做学问，舍九取一的难会让企业的动作不够简单，效率不够高，成本不够低。总而言之，舍九取一对于企业经营并不是最优解。

取舍的第三重境界：取一舍九，乃高效者

处于这一境界的人，会先找到“一”，然后舍掉“九”。取一舍九，是“为道日损”“大道至简”的境界。“取”是一种洞察本质的能力，“舍”是一种智慧。没有能力的人取不足，没有开悟的人舍不得。

为什么大部分企业经营者都知道取舍，却做不好？核心原因在于取舍的顺序错了。

取一舍九，乃高效者。只有先取“一”，才能后舍“九”，这才是企业经营者的“一”招制胜方法论。取一舍九是一种高效、简洁、洞穿本质的方法，是取舍的最高境界。

取一舍九的关键在“一”上

读懂了取舍对企业经营的意义，我们才能理解什么是取一舍九。

取一舍九，应用到企业经营中，就是抓“牛鼻子”，抓主要矛盾，让企业经营的标准极高，动作极简，成本极低，速度极快，成果极大。

取一舍九之道在于找到企业各个经营环节的“一”，把时间、精力和资源都聚焦在“一”上，舍掉“九”，把一件事做到极致，做成企业的核心竞争力，做到世界级第一。

取一舍九的关键在“一”上，那么什么是“一”？

《矛盾论》中强调：“研究任何过程，如果是存在着两个以上矛盾的复杂过程的话，就要用全力找出它的主要矛盾。捉住了这个主要矛盾，一切问题就迎刃而解了。”“矛盾的主要方面”就是“一”。

西方管理学的第一性原理是，解决问题最高效、最直接的方法就是从本质出发，探究问题背后的问题，关系背后的关系，原因背后的原因，目的背后的目的。它与取一舍九异曲同工。

无论是“矛盾的主要方面”，还是第一性原理，都强调了洞察本质的重要性。取一舍九里的“一”就是第一本质，它具有两大特点：

第一本质能牵一发而动全身。
第一本质能四两拨千斤。

企业经营者要找到企业各个经营环节的第一本质，然后基于第一本质，舍掉其他所有的“九”。取一舍九考验的是企业经营者洞察第一本质的能力。

决策一失误，成本增三倍

经营企业为什么要取一舍九？

企业难道不是实施多元化战略，东方不亮西方亮，发展才会更快？

做产品难道不是做得越多越好，把鸡蛋放在不同的篮子里才更保险？

企业的用户难道不是越多越好吗？

……

很抱歉，世间安得双全法。什么都想要，往往什么都得不到；什么都想做好，往往哪样都做不好；看似什么都有，往往是一无所有。经营企业为什么要取一舍九？其主要原因可归纳为三点。

所有的动作都是成本

企业最大的成本是什么？相信这是每一位企业经营者都很关心的问题。因为控制住最大的成本，意味着企业能有更多的利润。企业最大的成本从财务报表中是看不出来的，这是一个哲学问题，它自有一套逻辑，也藏着因果。

企业经营最大的成本，不是装修办公场地的费用，不是给员工多发一些工资的支出，也不是提高产品标准的支出，而是来自经营者的决策失误。“一将无能，累死三军”，一旦企业经营者决策失误，所有的动作、所有人的努力都白费。

企业每分每秒都在花钱，产品研发、人员工资、土地和厂房的租赁或购买、生产线设置、市场开发都是成本。决策一失误，成本增三倍。企业经营者做出的错误决策，会导致企业在战略、价值创造、产品等方面的成本增三倍——第一是方向错了，企业经营者有限的时间、有限的资源被浪费了；第二是方向错了，企业挖错了“坑”，要把“坑”填平，导致企业人力、物力被浪费了；第三是企业要重新找方向，重新出发，重新配置资源。

企业里真正的降低成本不是大刀阔斧地削减支出，而是经营者做出正确的决策，把钱花在“刀刃”上。

为什么企业经营者容易决策失误？因为人性中的贪婪、自私自利、好大喜功等弱点，让企业经营者误以为经营企业是做得越多越好。于是，企业经营者不辞辛劳地做了很多动作，结果却是做得越多，错得越多，因为所有的动作都是成本。比如，我经常听到，企业经营者在和高管制定战略时，最常说的是要开拓多少市场，开发多少个用户，研发多少个新产品，增加多少个部门，而不是要砍掉哪些不好的业务，精简多少个部门，重点维护哪几个重点用户。

企业经营者没有取一舍九的思维，不懂得取一舍九的方法论，就无法洞察企业各个经营环节的第一本质，他做的决策大概率会出错。决策失误，就会产生高成本。长此以往，这些低效、高成本的动作就会像病毒一样，侵蚀企业的每个角落，导致企业战略不清晰、员工积极性不高、产品市场占有率低、用户满意度低，企业被慢慢“耗死”。这些企业的“死因”并非外部竞争，而是内耗。这一切的源头都是企业经营者的决策失误。

企业经营最大的成本是经营者决策失误。而财务报表上没有“决策失误”这一项，这也是企业经营者洞察不到经营本质的原因之一。

企业经营者要做出对的决策，就要改变自己的认知，化繁为简，取一舍九，抓住各个经营环节的第一本质，去除枝叶，把复杂的事情变得简单。

有限对无限

任何企业都面临一个经营难题：有限对无限。企业经营者的时间和认知是有限的，企业的人力、物力、资源是有限的；而市场竞争是无限的，用户是无限的，管理也是无限的。

企业经营者要用有限的人力、物力、资源面对无限的市场竞争、用户和管理等，而且还要创造出最大的价值。这就要求企业经营者学会有效地分配时间、精力和资源，让每一分钟、每一分钱、每一个最小单元、每一个动作都能实现价值最大化和成本最小化。

要做到价值最大化、成本最小化，就要找到企业各个经营环节的第一本质，集中资源，“毕其功于一役”，同时主动舍弃其余的“九”。

商业利润论

在商业领域，衡量任何一家企业赢利的公式都是：

收入（10）－成本（8）＝利润（2）

根据企业的赢利公式，我们可以洞察企业经营者的“花钱三难”。

第一难：先花钱后赚钱

企业赢利的逻辑不是先赚钱后花钱，而是先花钱后赚钱。企业一旦成立，从开始运营的那一刻起，就有了成本——企业要租办公场地、找人才、找资源、找用户等，这些动作都是需要花钱的，都是成本。企业经营者在决定是否花钱、花在哪里时，由于各种不确定性（比如办公场地是否合适、人才能否为企业创造价值等），容易决策失误，造成“钱花了却没有产生任何价值”的结果。

第二难：花钱是必然，赚钱是偶然

企业里的任何动作都是成本。企业经营者最大的悲哀之一是，花钱是必然，赚钱却是偶然。赚钱如针挑土，花钱如水推沙。由于市场的不确定性、用户的不确定性和人才的不确定性，我们不知道花出去的钱能否为企业带来价值，增加企业收入。

比如，当我们决定要高薪招聘一名技术人才时，尽管人力资源部执行了标准化的人才招聘流程和背景调查，但人是复杂的，我们不知道这名技术人才能否为企业创造成就用户的技术价值。如果不能，那么企业的人力成本没有产生价值，钱白花了。即使是被称为“股神”的沃伦·巴菲特，也有投资失败的时候。

第三难：收入与成本的端口之比是 1：100

企业的收入只有一个端口：用户。只有用户会把钱支付给企业。当然，上市企业或合伙企业可能会有股本收入和股东收入，但只有来自用户的收入才是有价值的，只有来自用户的收入才能支撑企业可持续发展。企业的成本却有“100 个”（泛指）端口：企业从成立的那一刻起，每天、每人、每分、每秒都在花钱。假设我们是一家小餐饮店的经营者，小店冰箱里的所有食材，灶台上的米、油、盐、酱、醋，每一张纸、每一盏灯、每一寸店面、每一个人……全部都是成本。企业花钱的端口有无数个，但赚钱的端口只有一个——用户。收入与成本的关系犹如一个倒置的漏斗，入口很小，出口很大。

“花钱三难”导致企业经营者不知道把钱花在哪里才能产生最大的价值。很多企业陷入了投入大、产出低的怪圈，企业经营者为了增加企业收入，盲目追求产品多、用户广、市场大，并采用增加产品线、买地买楼、多元化投资、开分公司等手段。

事实上，企业经营者做了这些动作之后，会发现成本从 8 增加到了 20，收入却只增加到了 15，最后利润变成了 15－20 =−5。也就是说，收入增长并没有带来利润增长，成本吞噬了企业的利润，所以这样的增长是无效增长，它偏离了投入产出比的经营目标。

做企业不需要“花拳绣腿”。经营企业的逻辑类似体育竞赛，运动员在赛场上要想赢得第一，就不能有多余的动作，因为任何多余的动作都会浪费运动员的精力和时间。很多中小企业举步维艰的真正根源就在于没有取一舍九思维。经营的本质不是做多，而是做少。在做多的逻辑背后，是企业面临的两大“杀手”。

第一个“杀手”是时间。时间是一家企业最大的成本。员工工资、房租、银行利息……全是用时间来计算的。所以，对一家企业来说，经营一定要跑赢时间，赢在效率上。

第二个“杀手”是对手。我们做得快、做得好还不够。今天的竞争是全球供应链竞争，要想赢得用户，我们必须超越对手，要比对手做得更好，要做出绝对差异化，这样用户才会首选我们，这个难度相当大。

糟糕的思维方式和价值标准，决定了企业不幸的命运。当企业经营者天天为“捡芝麻”而忙碌时，他就没有机会练就“捡西瓜”的能力了。

企业经营者要重塑自己的经营哲学，学会用取一舍九的思维和方法论更高效地分配时间、精力和企业有限的资源，让每一分钟、每一笔钱、每一个人都做到价值最大化，同时提升收入。只有当企业的成本最低、收入增加时，企业才会赢利。

每个经营环节的第一本质

取一舍九的逻辑并不难懂，真正难的是找到企业各个经营环节的第一本质。在这本书里，我将用“三段论”的逻辑——是什么、为什么、怎么做，高效、直接地讲解企业各个经营环节的第一本质。

这意味着，在这本书里，我对写作也进行了取一舍九，跳过所有的中间环节，将自己经营企业30余年、做管理教育工作17年洞察到的第一本质直截了当、简明扼要地分享给大家。阅读也是有成本的，阅读会占用我们的时间，消耗我们的精力。所以，对本书写作进行取一舍九，能够让大家阅读的价值最大化、成本最小化。

一家企业的经营、管理无论多复杂，其核心都离不开七大板块：战略、价值创造、组织、产品、用户、营销、财务。每个经营环节都有第一本质，如图0-2所示。

关于企业经营七大板块的取一舍九，在后面的章节有具体的分享。

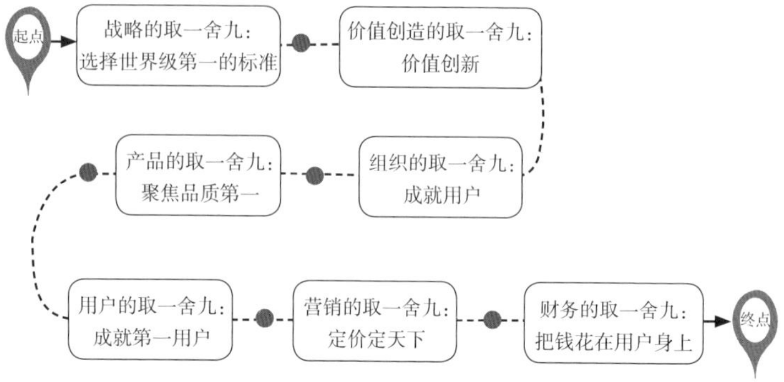

图 0-2　企业经营七大板块的取一舍九

在阅读具体的方法论之前，我给大家提供一些阅读建议。我倡导的学习价值观是知行合一。为了让大家把书中的观点、方法运用到企业经营中，我在每一章后面单独设置了“读书笔记”的环节。好记性不如烂笔头，希望你能写下自己阅读每一个经营环节的心得、体悟以及可以运用到企业经营中的方法，这会让你和你的企业受益一生。

希望这本书，能帮企业经营者节省几年的探索和思考时间，让企业经营高效、简单、直接。

是为序。

李践

写于 2023 年春天

第 1 章

战略的取一舍九

选择世界级第一的标准

战略的最高境界是取一舍九，

战术的最高境界是力出一孔。

战略的第一本质是选择世界级第一的标准，

只有战略上取一舍九，

战术上才能力出一孔，

击穿阈值。

战略是选择第一

企业经营始于战略。战略犹如企业的“导航仪”，假设 A 点是企业的起点、企业现在的样子，B 点是企业的终点、企业未来的样子，企业的一切动作将围绕B点展开，它是企业发展的方向。

战略越简单，速度就越快，效率就越高。什么是好战略？好战略就是简单的 6 个字：

选择

标准

第一

选择：取一舍九

“战”比“略”重要

战略，是简单的。

什么是“战略”？我们将这两个字拆开来理解：

“战”是做或取，解决的是“企业选择做什么或取什么”的问题。

“略”是不做或舍弃，解决的是“企业选择不做什么或舍弃什么”的问题。

用一句话来解释：战略是一种选择或取舍，选择做（取）什么、不做（舍）什么。那么，“战”与“略”，哪个更重要？

答案是“战”比“略”重要。“战”是第一本质，这意味着企业经营者在选择做什么时，要做出正确的选择。

战略之难，难在选择

做好战略，是很难的。

企业出现的大部分问题都与战略有关。要么战略方向不明，资源配置无重点，团队各自为战，打到哪里算哪里；要么战略方向错了，偏离了主航道，企业做得越多，错得越多，最后往往形成“一谈都重要，一做都是错”的战略局面。

战略之难，难在哪里？

战略之难，难在选择。更进一步，战略之难，难在选择做什么。企业经营者在战略上要想清楚选择做什么才是正确的，从而确保企业前进的方向是对的。选择的动作看似简单，技术含量却很高，企业经营者既要洞察战略的第一本质，又要放弃非第一本质的战略——取了 A，就意味着放弃了 B。

选择之难，又难在哪里？

选择之难，难在人性中的“贪”和“怕”。“贪”是指企业经营者看到什么机会都想取，什么都不想放弃，什么钱都想赚，“眉毛胡子一把抓”；“怕”是指企业经营者害怕失去，不敢把鸡蛋都放在一个篮子里，做事追求不偏不倚，四平八稳。商业世界的诱惑无处不在，战略的取一舍九要求企业经营者克服人性中的弱点，只取战略的第一本质，放弃非第一本质的其他所有战略。

从某种意义上来说，企业经营者做战略的过程，就是战胜人性中的贪、怕、急功近利等弱点的过程。企业经营者的时间和精力有限，企业的资源和能力也有限，不可能做所有想做的事情。因此，一个好战略往往能做到取一舍九，找到战略的第一本质，然后把所有的精力、时间和资源都聚焦在第一本质上。

战略的最高境界是取一舍九，战术的最高境界是力出一孔。只有战略上取一舍九，战术上才能力出一孔。两个“一”融合，企业才能打赢市场战，打赢全球竞争战，实现可持续发展。

标准：世界级

既然战略的第一本质是“战”，是选择做什么，那么企业经营者应该选择做什么？

面对问题时，大多数人选择直接解题，而爱因斯坦选择“花90%的时间去分析题目本身”。所以，我们也要穿透表象，直击问题的第一本质，花90%的时间在第一本质上。在企业经营上，企业经营者对战略的第一本质的认知，既是一个动力源，也是一个限制条件。企业经营者的认知越深，解题的边界就越大，事业的边界就越宽。

企业经营者要选择世界级第一的标准，这是战略的第一本质。企业在选择做什么时，一定要择高而立。

什么是择高而立？“择”是选择；“高”是高标准；“立”是立志。企业经营者要有高远志向，在经营企业一开始时就要选择世界级第一的目标，并以最终目标为起点倒推企业行为，用世界级第一的标准来经营企业，开启企业征程。

企业经营者在选择做什么时，为什么要择高而立？

企业经营者的选择决定了企业的基因，企业的基因决定了企业的生命力。企业经营者选择了什么战略，就选择了什么样的标准；选择了什么样的标准，就会做出什么标准的产品；做出什么标准的产品，就会吸引什么类型的用户……企业经营者的选择决定了企业的最终结局。

企业经营者是选择做“雄鹰”，飞到一万米高，还是选择做“大雁”“麻雀”“苍蝇”，飞到 1 000 米、100 米、10 米高，结果截然不同。我命自立，所有的一切都是企业经营者自己选择的结果。不同的选择，自然会导向不同的终点。如果企业经营者选择成为“雄鹰”，按照“雄鹰”的标准去配置资源，未来才有可能在万米高空任意翱翔；如果企业经营者选择成为“苍蝇”，按照“苍蝇”的标准去配置资源，那么未来只能在低处盘旋，随时可能被拍死。好战略就是高标准，高标准意味着世界级第一的资源配置。

请注意，企业经营者在企业起步阶段就要选择世界级第一的标准。假设我们现在在街边经营一家小餐饮店，那么从小店诞生的那一刻起，我们就要选择世界级第一的标准。我们要选择第一的装修、第一的厨师、第一的供应商、第一的品质……在“人、财、物、供、产、销、研、服”等所有经营环节上都要按照第一的标准配置资源。

企业经营者要认清一个残酷的现实：所有行业的竞争已然是全球化竞争，企业要想打赢这场仗，就要择高而立，以终为始——以终点为起点，起点就是终点。这意味着，如果企业的终点是做“雄鹰”，那么今天的起点就是做“小鹰”，而不是做“苍蝇”，然后变成“雄鹰”。当我们伸手摘星，即使一无所获，也不至于满手污泥。

选择世界级第一的标准，是经营企业最高效的一条路，因为它超越了时间和空间。以终为始是站在未来看现在，用终局思维看现在、看今天的布局。站得越高，看得越远，格局就越大。一旦终点清晰了，接下来如何合理配置时间和空间资源的问题就迎刃而解了。这就好比导航软件，只要输入起点和终点，就能规划出清晰的路线图。试想一下，我们经营企业 1 年的成果等于同行3年、5年、10年的成果，我们对同行就形成了降维打击，企业就能打赢全球竞争战，赢得用户、赢得市场、赢得生存和发展空间。

择高而立，选择世界级第一的标准，既是战略的第一本质，也是高选择、高目标、高标准。

第一：战略意图

战略的第一本质是选择世界级第一的标准。“第一”是战略意图。

1989年，普拉哈拉德和哈梅尔在《哈佛商业评论》上发表了经典文章《战略意图》，明确提到，一个雄心勃勃的宏伟梦想，它是企业的动力之源，它能够为企业带来情感和智力上的双重能量，企业借此才能迈上未来成功之旅。两位大师研究了过去20年中成长起来的世界级企业，比如索尼、松下、丰田等，发现它们有一个共同的特点，那就是它们在规模尚小的时候就树立了“成为世界级领导者”的宏伟目标。他们把这个现象叫作“战略意图”。优秀的企业、杰出的企业不是误打误撞成功的，一定是先定下了宏伟的目标，才最终实现这一目标。

战略意图紧紧抓住了企业成功的精髓，就是“要成为行业里的世界第一”。所以，“第一”就是企业的战略意图。战略意图回答的是“企业要去哪里”的问题，是战略试图实现的愿景及目标，是企业的动力之源。战略意图由使命、愿景、宏观战略目标与近期目标构成，清晰地指出了企业后续战略活动的大致方向和路径。

“行业里的世界第一”不仅指大市场，也指细分市场。比如，很多“隐形冠军”企业在创立之初，其创始人就在战略上选择了世界级第一的标准，确定了“成为行业里的世界第一”的战略意图，然后通过聚焦于自己的主业，专注于自己的行业，专注于自己的细分市场，最终成为世界级领先企业。

中国有一家生产螺丝钉的企业——湖南飞沃新能源科技股份有限公司（下称“飞沃”），其创始人张友君于2012年从上海回到家乡湖南常德创业，成立了飞沃。企业成立之初，厂房是一个只有两三百平方米的低矮屋子，湖南的梅雨季节，天气炎热、潮湿，员工宿舍的被子几乎能拧出水来。最艰难的是，当时没有吊车和起重机，需要人工将一根根重达200千克的钢棒从堆场抬到锯床上。工人四人一组，每天一根接一根地抬，无论酷暑还是寒冬。几乎每个工人的肩膀，都磨得掉皮、红肿，又结了一层厚厚的茧。

尽管如此，张友君在战略上依然从一开始就选择了世界级第一的标准，他在厂房的墙面上写了一行字："打造全球最大风电叶片预埋螺套生产基地"——口号和工厂的现实环境形成了鲜明的对比，但他很坚定："不做则已，要做就要做到最好。"

作为一家小微制造企业，想要在一个细分领域开拓出一条大道并不容易。但因为选择了世界级第一的标准，有了"第一"的战略意图，便有了清晰的方向。飞沃以世界级标准制造风电叶片专用预埋螺套，打造自己的核心竞争力，用 7 年时间使该产品的全球细分市场占有率达到 70%，这相当于全球每 4 台风机中，就有 3 台用了飞沃的产品。飞沃的用户既有全球最大的风机叶片制造商艾尔姆、迪皮埃等国际企业，也有中材科技、时代新材、中复科技等国内知名企业。

总的来说，飞沃取得这些成就的关键在于其创始人张友君洞察到了战略的第一本质——选择世界级第一的标准。企业成立之初，虽然资源有限，规模很小，但张友君有着雄心壮志，有着"第一"的战略意图。因为相信，所以看见。为了奔向"世界级第一"的终点，飞沃采取了"单点击穿"战略路径，专注风电叶片专用预埋螺套，把"一米宽"的螺丝钉市场，做到了"万米深"，最终成为细分领域的世界第一。

企业经营者在选择做什么时，实际上是在选择企业的终极目标。经营企业的逻辑犹如运动员参加奥运会，每一位企业经营者都是商场上参赛的运动员。参加奥运会的运动员的终极目标只有一个——成为专业领域里的世界第一，拿到金牌。

当用“以终为始”的眼光来看待经营企业这件事时，我们会发现商业的终点就是成为第一。信息大爆炸和产品同质化并存，给用户带来了巨大的选择困难。用户很难记住“第一”以外的其他产品，“手握百个第十名，都不如拥有一个第一名”，唯“第一”才能被用户记住。只有成为“第一”的企业和品牌，才能成为用户心中的首选。

一金胜过十银。选择世界级第一的标准就是战略的第一本质，就是企业经营者在战略上要取的“一”。

标准不对，努力白费

战略的第一本质是选择世界级第一的标准，这是企业经营者要取的“一”。如果企业经营者没有取对“一”，没有洞察到战略的第一本质，那么就会出现三种典型的坏战略：

无标准（无战略）；
标准低；
标准错。

中国的企业经营者身上不缺勤奋，在面临困境时他们能够废寝忘食，撸起袖子大干一场。但如果企业经营者只会英勇奋战，战略上取错了“一”，结果反而会南辕北辙。战略不对，努力白费。

无标准：什么赚钱做什么

假设你今天打算在上海投资 100 万元开一家小餐饮店。请问：经营这样的小店需要战略吗？

2023 年春季，当我向诸多企业经营者提出这个问题时，有一位企业经营者说："不需要战略，一家小店谈战略太奢侈了，能活下来就不错了。"

企业经营者没有取对"一"的第一个表现是，企业经营者认为中小企业不需要战略、不需要标准。为什么企业经营者会认为中小企业不需要战略？因为他们有两个错误认知。

只有大企业才需要战略；
战略不能立即产生效益。

中小企业经营者普遍的认知是，只有大企业才配得上"战略"这般高端的词语，而中小企业经营的宗旨仅仅是在夹缝中生存下去。于是，我们经常看到很多中小企业经营者在战略上不做任何取舍，什么都想做，什么都要做，什么赚钱做什么，哪里忙就冲到哪里去……

企业一旦无战略、无标准，就会像"无头苍蝇"一样，盲目乱飞，永远在追赶风口，既浪费成本又浪费时间。用彼得·德鲁克的话说就是，“没有战略的企业就像流浪汉一样无家可归”。

企业无战略，会带来什么直接的后果？

没有战略，是企业最大的成本。商业世界有三大成本：决策成本、认知成本、沟通成本。企业无战略，会给企业带来最高的决策成本和认知成本。

没有战略，企业经营者容易小富即安、不思进取。战略就是目标，没有战略的企业没有目标感和使命感，容易躺在功劳簿上沾沾自喜，没有奋斗的动力，也没有前进的方向。企业发展如逆水行舟，不进则退，企业无战略，则终将被淘汰出局。

没有战略，企业将成为别人战略的一部分。

不信的话，我们来看看如今中小企业的现状。

现状一：阵亡率高。很多中小企业挣扎在生死线上。有数据统计，有 95% 的中小企业创立一年后就会倒下，也就是说，只有 5% 的中小企业能活过第一年。而且，中小企业的平均寿命只有 3 年。死亡就像一把达摩克利斯之剑，悬于每家中小企业的头顶。

现状二：处于弱势。中小企业经营者大多是白手起家，没钱、没人才、没资源，一切从零开始。很多创业者凭借着一腔热血一头扎入商海之中，在弱肉强食、龙争虎斗的商界存在感很低，处在弱势地位。

现状三：认知较浅。中小企业经营者不缺干劲，缺的是认知。商业不是简单的买进卖出，如果没有足够的知识和智慧，很多人会撞得头破血流。

高阵亡率源于战略的缺失，没有标准；弱势群体的资源有限，恰恰更需要战略来弥补先天不足；认知肤浅更需要抢占认知高地，用战略指导企业经营。

现在我们再来回答这个问题：经营中小企业或一家小店需要战略吗？答案毋庸置疑：需要。中小企业相较于大企业更需要战略。大企业往往具备足够的资源和实力，即使出现战略失误也有调整或者弥补的空间。比如，可口可乐、国际商业机器公司这些大企业都曾经出现过战略失误，但不至于让企业面临生死攸关的问题，因为大企业有资源、有人才，有试错的机会。

中小企业往往没有这么幸运。大多数中小企业处于弱势地位，无论资金实力、人才、资源还是技术能力都不够强大。这时，企业经营者的一个错误决策就能将企业推入万丈深渊。

对中小企业来说，战略决定生死，因此，企业经营者要舍掉错误的战略认知。越是资源有限，越要做战略取舍，越要取一舍九，选择世界级第一的标准，这既是战略的第一本质，也是对中小企业来说最高效、成本最低的战略。

标准低：做不了第一

企业经营者没有取对“一”的第二个表现是标准低。为什么会出现标准低的战略？这样的战略会给企业带来什么样的后果？

标准低对应的是企业经营者没有远大的战略意图，在选择做什么时没有择高而立，没有洞察到战略的第一本质。

企业经营者在选择做什么时，首先会计算自己的一亩三分地上有多少头牛，有多少头猪，然后基于现有的牛和猪的数量，计算牛能够挤出多少牛奶，猪能卖多少钱。企业经营者通常以现有的资源计算企业未来的“盘子”大小，认为自己的企业规模小，没有钱、没有人才、没有资源，做不了第一，因此不敢选择世界级第一的标准，而是选择了局部第一的标准，比如上海第一、北京第一，甚至是“先活下去”的标准。通俗地说，就是当下有多大的能力就干多大的事。

这是一种“站在现在看未来”的思维模式，这一思维模式带来的后果是战略目光短浅，画地为牢，自我设限，看不到企业未来 10 年、30 年甚至 50 年后的样子，最终只能成为一只“苍蝇”，既飞不高，也飞不远。

不仅中小企业容易犯标准低的错误，大企业也是如此。很多年营收额达到百亿规模的头部企业，有时也会用过于保守的战略意图来指导企业发展。在行业没有大变化、市场形势稳定的情况下，大企业战略意图标准低的弊端并不会立刻显露出来。可如今各行各业都面临全球化竞争，企业不仅要和世界范围内同行业的对手竞争，还要和不断涌入行业的大量跨界对手竞争。如果企业在战略上没有选择世界级第一的标准，就很容易被对手超越，甚至面临倾覆的危机。

很多人看到这里会说：“这不就是‘画饼’吗？”

错了！选择世界级第一的标准不是在“画饼”。如果你把战略的第一本质理解为“画饼”，说明你自己从心里压根不相信自己能做到世界级第一，不相信自己能做到更好。这与企业经营者的认知、格局有关。企业经营者的格局决定企业的成长空间。企业要想发展壮大，经营者不仅要扩展知识和技能，还需要提升自己的认知和格局。企业经营者要有意识地做出努力，不断提升自己的品格、经营理念和思维方式。

企业经营者要舍掉标准低的战略，不论企业大小，一开始就要选择世界级第一的标准。企业的资源有限，时间有限，但竞争是无限的，如果等到实力强大后再谈“成为世界级第一”，可能就为时已晚了。事实上，正是因为有了世界级第一的目标，企业才有了壮大实力的可能性。否则，创业路上的诱惑和困难就足以磨灭我们的雄心，使我们丢掉初心，随波逐流。

夸张地说，如果企业经营者没有成为世界级第一的追求，就不要妄谈战略了。“成王败寇”是企业经营者逃不掉的宿命。任何一家企业都是从弱到强成长起来的，任何一家伟大的企业也都是从“三无（无钱、无人才、无资源）”企业做起来的。企业经营者真正缺的不是人才，不是资源，而是胸怀和格局，是实现高远目标的野心。企业经营者在制定战略时要站在未来看现在，站在未来看未来。

标准错：以始为终

企业经营者没有取对“一”的第三个表现是标准错误，以始为终。

上海松江区的一位企业经营者曾问我：“我给企业定的目标是 3 年做到松江第一，5 年做到上海第一，10 年做到世界第一。

现在我们先按照松江第一的标准来做，对吗？”

不对。这就是以始为终的表现。以始为终就是企业经营者虽然定下了世界级第一的目标，但在布局当下的战略时，标准错了，没有用世界级第一的标准来做产品、服务用户、打造团队等。

企业经营者用以始为终的思维制定战略，后果就是企业始终做不大。为什么？今天的竞争是全球化竞争，标准一旦错误，就意味着基因错误，也就意味着企业选择了“苍蝇”基因。当企业的基因是“苍蝇”时，企业怎么可能变成“雄鹰”？

要知道，从“苍蝇”蜕变为“雄鹰”难于上青天。这个逻辑很简单，经营企业犹如跑马拉松，那些比我们强大的企业已经提前跑了几十年，如果我们的起跑速度不快，我们就永远不可能赢得这场比赛。

“以始为终”的战略思维和“以终为始”的战略思维有着显著的区别，如表 1–1 所示。

表 1–1 “以始为终”和“以终为始”的区别

以始为终	以终为始
站在现在看未来	站在未来看现在
起点是起点	起点是终点

（续表）

以始为终	以终为始
一开始以第二、第三甚至第十的标准要求自己	一开始就以世界级第一的标准要求自己
不追求任何改变	追求行业里世界级第一的标准甚至追求超越第一的标准

所以，企业经营者要舍掉错误的标准，一旦选择了世界级第一的目标，选择了成为“雄鹰”，那么从起步开始，企业在“人、财、物、供、产、销、研、服”等经营环节上就都要以世界级第一的标准来要求自己。“雏鹰”虽小，但远胜于“苍蝇”。当我们达到世界级第一的标准时，还要定下超越世界级第一的标准，打破标准，重新定义标准，这样才有可能后发先至。

战略的第一本质是选择世界级第一的标准。基于战略的“一”，企业经营者要舍掉其他所有的战略。战略的取舍漏斗如图 1-1 所示。

战略取一舍九的逻辑并不难理解，难的是企业经营者在选择做什么时要对抗人性的贪婪和急功近利。这也是 99% 的商人无法成为伟大的企业家的原因所在。顶尖高手之所以能够取一舍九，“一”招制胜，是因为他们心中有信仰的力量。中国不缺把 1 亿元当成小目标的“土豪”，缺的是心中有远大理想和文化信仰的企业家。

假如我们一起乘坐时光机，回到 10 年前，身处企业战略管

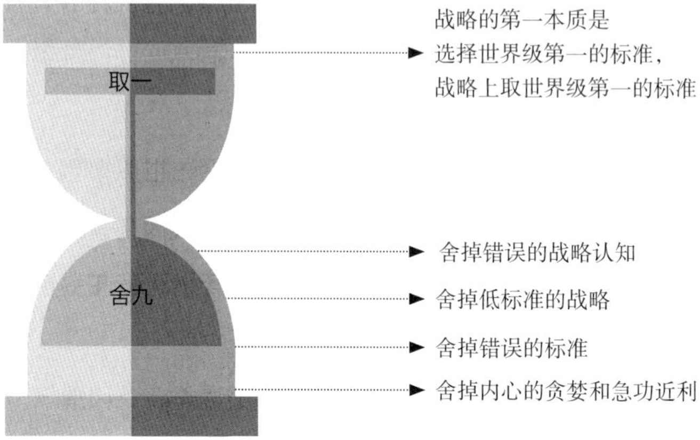

图 1-1　战略取舍漏斗

理团队的会议室中，一群人正在为企业未来 10 年的发展进行激烈争论，他们把几十个战略放在一起做对比。经过大家的热烈讨论，最后白板上只剩下两个战略：世界级第一；上海第一。此时，作为企业经营者的你，会选择哪一个？

战略四标法，成为世界级第一的企业

当我们与企业经营者交流战略时，有的企业经营者会说："我们的战略制定好了，明年销售额达到 10 亿元""企业今年收入增长 20%"……

请注意，这些都不是战略，它们充其量只是目标。

选择并不意味着实现。我们知道应该选择世界级第一的标准，接下来，我们还要基于世界级第一的标准做战略设计，它是企业实现世界级第一的战略目标的路径。战略设计有 4 个步骤，我把它总结为"战略四标法"，如图 1–2 所示。

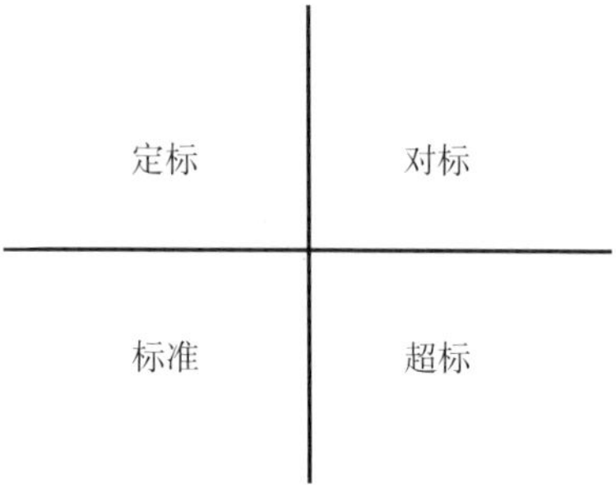

图 1–2 战略四标法

定标

战略设计的第一步是定标。定标解决的是“企业未来要成为谁”的问题，也就是企业未来 10 年、20 年、30 年的战略目标。

战略的第一本质是选择世界级第一的标准，企业经营者选择了世界级第一的标准，有了第一的战略意图，把第一的战略意图落实到战略目标上，即成为世界级领先企业。即使我们今天经营的只是一家小餐饮店，我们也要将这家小店定标为世界级的餐饮店。

为什么要定标世界级？因为商业的逻辑是一样的，做大事和做小事的难易程度、流程是一样的。企业经营者无论选择做大事还是做小事，从选择的那一刻开始，就要布局“人、财、物、供、产、销、研、服”等，一个环节都不能少。做大事和做小事都会消耗我们的时间和精力，都会给我们带来挑战和心理压力，但定标不同，最后的结果可能会千差万别。

企业经营者定的标准低，表面看起来容易达到，结果却是企业越做越小，最后被市场淘汰；企业经营者定的标准高，表面看起来很难达到，但结果将是企业经营者胸怀伟大梦想，找到企业的使命，通过奋斗创造一个有无限可能的未来。

华为成立于 1987 年，而国外的通信行业巨头爱立信和诺基亚分别成立于 1876 年和 1865 年，华为相比它们来说是一家很年轻的企业。华为虽然成立时间短，但发展速度惊人，在短短 35 年间成为国际通信设备行业“三巨头”之一。华为是怎么做到的？这与任正非在华为还处于弱势地位时就定下的战略目标有关。

1994 年，也就是华为创立第七年，任正非在内部讲话中说：“未来的世界通信行业三分天下，华为将占其一。”当时很多人不相信他，认为他在说大话，在“画饼”。因为彼时的通信行业，朗讯、爱立信、阿尔卡特和北方电讯等多家世界级企业已经领跑多年，华为还只是初出茅庐，收入与巨头朗讯相差整整 53 倍。在外人看来，任正非的这一战略目标犹如阿 Q 的“精神胜利法”，就连当时华为内部的很多管理者也不相信他。

“燕雀安知鸿鹄之志”，任正非提出这样的战略目标，是经过深度思考的：他精准地捕捉到通信行业的发展趋势——从分散快速走向集中。基于这一判断，他意识到在这种发展趋势之下，华为只有两条路：要么成为行业领军者，带领行业走向集中；要么被行业领军者吞并，湮没在时代发展的洪流之中。

事实证明，任正非的战略思考是完全正确的。20 世纪 90 年代以来，跨国通信巨头在国际市场需求下滑的情况下，转战方兴未艾的中国市场，与中国本土企业展开激烈的市场争夺战。试想一下，如果华为没能成为行业领军者，其根本无法在跨国通信巨头的“围追堵截”中生存下去，当中国市场被跨国通信巨头蚕食殆尽时，华为面临的结局只有一个：坐以待毙！

从农村市场到城市市场，从国内市场到海外市场，随着能力和竞争力的提升，华为跟行业巨头的差距越来越小，正在逐步实现当初“三分天下”“世界第一”的战略目标。

试想一下，如果任正非从未定下让华为成为世界通信行业领军企业的战略目标，华为还能有今天的成绩吗？我想大概率不能，即使做到了，也会走许多弯路。所谓“梦想有多大，舞台就有多大”，这就是定标世界级第一的战略目标给企业带来的纲举目张的作用。

事实上，当我们把企业定标为世界级第一，选择做大事时，还可以收获复利价值。

第一，做大事，竞争更少。在马拉松的赛场上，起跑时人最多，越到后面，人越少。做事情也是如此，越是简单容易的事，愿意做、会做的人越多，竞争就越激烈。正因为如此，如果我们选择做大事和难事，竞争反而没那么激烈。全球私募巨头黑石集团的联合创始人苏世民在《苏世民：我的经验与教训》一书中提到，问题越严峻，竞争就越有限，对问题解决者的回报就越大。

第二，做大事，成功率更高。跟世界上最好的老师学习，学到 60 分也可以；跟差的老师学习，学到 100 分也没用。取高得中，取中得低，取低得下。企业经营者定标世界级第一，即使成不了世界级第一，至少也能成为高手；如果定标不是世界级第一，最后很有可能变得不入流。成大事者不谋于众，我们在定标时，要进窄门，走远路，筑高自己的核心竞争力壁垒。链家创始人左晖曾说："选择难的路，成功的概率其实更高，更有价值。"

现在，请你拿起笔，在下面的横线处写下"企业未来要成为谁"，你定的目标是什么？

定标

对标

定标完成以后，战略设计的第二步是对标。对标解决的是“企业向谁学才能成为世界第一”的问题。

企业经营者做战略对标有两大目的：

一是补齐短板。企业经营者在意识到企业自身短板后，通过对标学习标杆企业的做法补齐短板。

二是前瞻性找差距。企业经营者通过对照标杆企业，找出自身短板，加强短板的同时提升企业核心竞争力。

企业经营者要想做好对标，需要解决三个问题。

和谁“对”

既然企业要成为世界第一，那么企业的战略对标对象只有一个：世界级数一数二的领先企业，因为世界级领先企业有一流的标杆思维、标杆模式、标杆认知和标杆逻辑。我们如果要做汉堡，就要对标麦当劳；我们如果要做咖啡，就要对标星巴克，以此类推。

“对”什么

答案是对因不对果，对“魂”不对“形”。

世界级领先企业的标准不是千篇一律的，而是糅合了时代特色、行业特征、领导特质。企业学习世界级领先企业的标准，要透过现象看本质，找到标杆企业的底层逻辑，重视方法论和理论框架，关心解题思维而非题目本身，学其“渔”而非“鱼”，学其“魂”而非“形”。

如何对照标杆企业找差距？分享一个模板给大家，如表 1–2 所示。

怎么“对”

战略对标的最佳方式是成为标杆企业产品的用户。如果企业的业务是咖啡，那么企业经营者要去喝星巴克的咖啡，去研究它的咖啡豆、磨豆的机器、店面装修、人才标准等，所有的细节标准都要拿来与自己的企业进行对比。

表 1-2　对照标杆企业找差距模板

		我的企业	行业领先企业	标杆企业	差距分析
KPI（关键绩效指标）	销售收入				
	销售净利润				
	客户满意度				
	产品平均开发周期				
	人均销售收入				
	……				
机会差距	某新产品市场占有率				
	某新产品客户满意度				
	某新产品毛利率				
	某重点市场目标客户覆盖率				
	……				
能力差距	TPM（全员生产维护）得分				
	……				

对标是一种管理方法，更是一种战略能力。这种能力需要通过持续性的跟踪、搜集、分析、改进、再跟踪来优化、迭代和加强，只有这样才有可能取到真经。我们研究过很多国际一流企业的对标管理，这些企业都把这项工作作为一项长期系统工程开展，而不是一项临时性工作。

所以，当我们对标世界级标杆企业时，要保持一个较为稳定的对标数据分析周期。按照我们的经验，每季度更新的战略对标分析，可以持续帮助企业在定位、方向、结构上优化，在业务发展中获得实实在在的进步。

请记住：战略对标一定不是“山寨”，而是找老师，是心怀谦卑、态度诚恳地学习其他企业的优长，并力求青出于蓝而胜于蓝。

标准

战略设计的第三步是标准。这里的标准主要是指提升标准、升级标准，解决的是“企业要用什么样的标准成就用户”的问题。

标准决定企业的基因。企业经营者定标、对标后，找到了自己企业与世界级标杆企业的差距，接下来，就要对照世界级标杆企业的标准，以成就用户为中心，升级企业“人、财、物、供、产、销、研、服”等各个环节中的标准，缺什么补什么。

所有的商业竞争都是最小单元的竞争。请注意这句话，无论企业的规模大小，都要从最小单元做起，比如一个产品、一项流程、一个标准等。不同行业的最小单元不相同，同一行业线下模式、线上模式的最小单元也不尽相同。比如实体零售行业的7–11、名创优品、星巴克，它们的最小单元是一家家门店；电商零售行业的三只松鼠的最小单元不是电商店铺，而是一个个产品系列，如坚果炒货系列、果干蜜饯系列、豆干辣条系列。

世界上最厉害的餐饮连锁企业之一麦当劳，在全世界120个国家和地区拥有超过37 855家门店，年营业额超过200亿美元。规模如此庞大的企业，要想管理好肯定不容易。可是吃过麦当劳的人都知道，无论身在何处，走进任何一家麦当劳，我们所吃到的汉堡都是同一个味道。麦当劳是如何做到的？答案就是三个字：标准化。

麦当劳对标准化的追求体现在每一个最小单元中。对于我们能想到的长度、宽度、体积、时间、温度等各种影响食物口味和质量的因素，麦当劳都用精确的数字加以规定；对于我们想不到的汉堡包厚度、如何撒芝麻、柜台多高、肉类的肥瘦比等细节，麦当劳也有严格要求。所有这些规定都是精心钻研、试验的结果。

比如，麦当劳的牛肉要经过40多道程序的检验；挑选土豆时对产地、气候、温度、湿度甚至形状都有严格限制。柜台高度严格设定为0.92米，甚至连汉堡包上的芝麻如何撒得均匀、撒几下都有要求。所有这些都有量化的统一标准。这套经过无数次试验，有无数个数字规定的标准，被麦当劳所有的门店和供应商奉行了50多年，是麦当劳稳坐全球餐饮业头把交椅的重要因素。

为什么麦当劳如此痴迷于标准化？原因有二。

标准化给企业带来的是高效率、低成本。没有哪一家企业不希望称霸市场，成为行业“雄鹰”。这就要求企业在创立之初就要放眼全局，树立起搭建扩张型管理体系的意识。标准化的管理体系是可以复制的，它可以支撑企业的扩张战略。尤其是企业在“试验田”验证了商业模式的可行性之后，更需要通过标准化管理体系快速复制，提高市场占有率。海尔通过复制自己的企业文化和管理模式并购“休克鱼”企业的背后就是这一逻辑。

企业有什么样的标准，就会吸引什么样的用户。

企业要如何升级标准呢？

分享一句话：高标准就是做到自己能力的极限，做到别人做不到的高度。在实践中，高标准有两重含义。

聚焦在自己的主业上，哪怕只能提升 1%，也愿意多投入 100%。

高标准的最高境界是认知领先于全行业，率先洞察、抵达行业和用户需求的本质。

超标

战略设计的第四步是超标。定标世界级第一，对标世界级标杆企业找差距，升级企业各个环节中的标准，缺什么补什么，最终的目的是超越标杆，成为行业里的世界级第一。超标解决的是“企业如何打造自己的核心竞争力”的问题。

那么，企业要如何做才能超越标杆，成为行业里的世界级第一？

答案是迭代。

在互联网时代，谁也不比谁傻。我们的对手会很快反应过来，很快追赶上来，甚至会比我们做得更好，我们随时有可能失去优势，因此，唯一的策略就是迭代。

微信能打赢米聊，靠的就是迭代。微信经历了几百次的迭代，从最早的通信工具，到社交平台，再到现在的移动生活场景，逐步成为今天大众生活中必不可少的移动软件。微信是当之无愧的"迭代之王"。如今，微信没有故步自封，还在继续迭代。

迭代就是每日精进，日拱一卒，不停地刷新品质，这条路永无止境。试想一下，如果企业里所有人都围绕世界级第一的标准，围绕用户价值，每天学习，不断反省，持续改进，那么这家企业成为世界级第一不过是时间问题。

不断迭代要求企业具备持续学习的能力，因为持续学习才能不断创新。功夫巨星李小龙说过一句话："我不怕练了一万种腿法的人，我怕的是同一种腿法练了一万次的人。"这就是持续学习的力量、迭代的力量。

做我所讲，讲我所做。接下来我要分享的是自己的企业在战略上取一舍九的实践，以作抛砖引玉之用。

行动教育是一家教育行业的上市企业，于 2006 年春天成立，到 2022 年，行动教育已经位居国内教育机构前三。2021 年 4 月

21日，行动教育在上海证券交易所主板上市，成为“中国管理教育第一股”。2021年，行动教育实现营业收入大幅增长，其中，企业核心业务管理培训贡献了主要力量。同时，行动教育的盈利能力也不断增强，2017—2022年，毛利率连续五年实现稳定增长。

尽管行动教育如今取得了还算不错的成绩，但也经历了时代带来的挑战，面临过许多艰难时刻，这些挑战和艰难时刻可能是很多企业正在经历的。让我们把时间倒回到那些特殊的时刻。

2006年行动教育刚成立时，锁定的市场是企业家实效教育，主打产品是课程“赢利模式”。由于课程的实效性和落地性强，企业很快就迎来了快速发展期——2006年，企业营收达到数千万元，2007年业绩翻番。然而，2011年，市场环境发生巨变，行业内大打价格战，行动教育受到了很大的影响，增长几乎停滞。2013年，行动教育的业绩越来越差，出现了发展史上唯一的一次亏损。这次亏损就像一面“照妖镜”，“照”出了企业战略上的重大问题——多、乱、散。“多”是指产品多；“乱”是指管理混乱；“散”是指用户价值没有聚焦。

危难之际，我接手行动教育，担任董事长，从教学前线转到管理前线。当我以1号位的身份经营企业时，我把学习跆拳道的逻辑——取一舍九、一招制胜的方法论——应用到企业经营中。

首先，在战略的取一舍九上，我选择了世界级第一的标准；然后，我用“战略四标法”开启了行动教育成为管理教育行业世界级第一的征途。

第一步：定标世界级实效商学院

培训和教育有什么区别？培训是短期行为，每次课程时长 3 天，课上完人就散了；教育是长期性的，是以人为导向的事业。作为一家做教育的企业，我们要超越对利润的追求，重塑使命，一切都指向用户价值。所以，我们的服务不应该只是一堂课，而应该站在一个更高的台阶上帮助企业经营者提升经营管理能力。作为一个连续创业者，我体会过“掉坑”的代价，更深知“爬坑”的艰难。如果能够帮助更多像自己一样的人，去激发这群人的梦想，推动他们用产业报国，这将是一项能够改变世界的伟大事业。因为每一家企业的成败，都关乎成千上万个家庭的幸福，关乎社会经济的发展。

基于此，我们立志要成为世界第一的实效商学院，这是企业未来的样子。在年会上，我提出要重新定义企业战略：我们要做一只“雄鹰”，不做“苍蝇”。

作为企业经营者，当我把企业新的战略目标共识传达给企业全员时，我的内心激动不已，眼里饱含热泪。但当时台下的一部分企业员工认为我是在“吹牛”——现在企业的生存都成问题，谈什么世界第一？

第二步：对标哈佛商学院和巴黎高等商学院

光说不做就是在吹牛。为了将“世界级实效商学院”的战略目标化虚为实，从口头的战略变成实际战略，我开始对标找差距。首先，我在全球找到两个世界级标杆——哈佛商学院和巴黎高等商学院。其次，我带着行动教育的老师和高管来到世界级第一的哈佛商学院和巴黎高等商学院，成为它们的用户。成为它们的用户后，标杆的标准就清晰了。我们体验了世界级实效商学院的标准，看到了它们各方面的资源配置：从硬件来看，它们有一流的阶梯教室、图书馆等；从软件来看，它们有世界一流的管理大师……这就是我们与世界级标杆企业的差距。

第三步：升级硬件和软件标准

找到差距后，我们开始对行动教育的每个最小单元做标准化升级，按照世界级实效商学院的标准来配置资源。请注意，我们不是10年后再按照哈佛商学院的标准来做，而是起步就采用世界级标准，缺什么补什么。

在硬件标准上，行动教育在上海虹桥机场旁边买了一栋花瓣楼，并找到了哈佛商学院的设计团队，设计了中国顶级的阶梯教室，教室里所有的硬件都采用哈佛商学院的标准：黑板是从美国进口的，粉笔是从德国进口的，地毯是从美国进口的……

在软件标准上，我们邀请了75年来极具全球影响力的管理工具"平衡计分卡"的创始人罗伯特·卡普兰来讲授战略，他是哈佛商学院的王牌老师；邀请全球顶级的领导力大师博恩·崔西和巴里·波斯纳来讲授领导力课程，后者所著的《领导力》是企业管理领域的经典权威著作；从巴黎高等商学院引进连续10年全球排名第一的"金融创新"课程；邀请中国上市公司协会会长、中国建材和国药集团原董事长宋志平来讲授战略；邀请中国人民银行前副行长朱民来讲授经济学；邀请滑铁卢大学的终身教授和大数据实验室主任陈涛博士来讲授大数据；邀请阿里巴巴前首席执行官卫哲来讲授电子商务……这些世界级名师不是受邀参加一两次论坛演讲，也不是做一两个小时的分享，而是作为课程导师连续讲几天课。

第四步：超标

完成标准升级，并不意味着大功告成。在实践中，我们会一次次迭代自己的标准，一次次纠正自己的认知。企业的每一次变革、转型都不是一次压轧成型的，比拼的是企业自我迭代的速度。我们的每一个课程，都会在之前课程的基础上迭代10%。为了做好这10%的迭代，我们采取了三大举措：

举措一：每天晨会的反省与分享；

举措二：每周的品质会议；

举措三：每月的总结改进。

我们就是这样每日改、每周改、每月改，再将时间尺度拉长至每年改、每3年改、每10年改，持续改下去，铁杵磨成绣花针，最终形成复利。持续改进的本质是在一件事情上不断深度思考、不断举一反三、不断追根究底、不断去伪求真，去洞察问题背后的问题，原因背后的原因。

从亏损到增长，再从增长到上市，这样的历程说明了什么？说明行动教育在战略上取对了“一”。虽然现在的我们不能大言不惭地说已经超越了标杆，成了行业里的世界第一，但我们既仰望星空，又脚踏实地，一直在路上，从未停下脚步。

正如存在主义哲学家让-保罗·萨特所言：未来正等着我们塑造！

读书笔记

阅读时间

启迪摘抄

阅读思考 / 企业经营实践

第 2 章

价值创造的取一舍九

价值创新

价值创造的第一本质是价值创新，

企业要做绝对差异化，

要做到完全不同，

给用户一个非买不可的理由，

做一只不一样的“鹰”。

绝对差异化，完全不同

在日渐成熟的商业环境中，企业要想可持续发展，必然要遵循基本的商业逻辑，战略、价值创造、组织构成了企业可持续发展的三大支柱。战略和价值创造的关系犹如一枚硬币的两面，组织就是中间的主体，在组织的支持下，价值创造与企业的战略相辅相成，如图 2–1 所示。

图 2–1　企业战略、价值创造与组织之间的关系

战略解决的是企业发展方向的问题，企业经营者选择了世界级第一的标准，接下来要思考的是如何落地战略。本书的第 2 章至第 7 章，解决的就是如何落地战略，如何进行战略分解的问题。战略落地的第一步是把战略变成企业的价值。清晰的战略是企业创造价值的前提条件。商业的本质是创造价值，价值是人们愿意为产品或服务付出的一切。企业选择的世界级第一的标准要落地为价值才有意义，否则，再伟大的战略也只是纸上谈兵。

做不一样的“鹰”

尽管价值创造一词在商业领域屡见不鲜，但倘若我们追问何谓价值创造，价值创造的第一本质是什么，就会发现这些关键问题不容易回答清楚。正如孟子指出的“习焉不察”，我们很少去深究经常接触的东西。知其然而不知其所以然，是商业领域的大忌。

价值创造的取一舍九与战略的取一舍九逻辑一样，都是要先知道价值创造的内涵，找到价值创造的第一本质。

什么是价值创造？我们将价值创造这 4 个字拆开来理解，其内涵如图 2-2 所示。

图 2-2　价值创造的内涵

“价值创造”这 4 个字，哪个字更重要？

答案是“创”字更重要。价值创造的第一本质在“创”字上，“一”是创新。这里的“创新”并非指商业模式的创新，而是指差异化。差异化的力度还不够，我们还要在前面加上“绝对”二字——绝对差异化，即完全不同。

绝对差异化价值与普通价值的区别如下：

绝对差异化的价值：别人无法复制的，不可替代的，优于他人 10 倍；

普通价值：大家都能做，可被替代的。

通过战略的取一舍九，企业经营者选择了世界级第一的标准，企业有了成为“雄鹰”的基因，但此时企业还只是行业内的一只

“雏鹰”，势单力薄。企业在成长为“雄鹰”的道路上，不可避免地要受到行业内“鹰王”（行业领先企业）的围追堵截。“鹰王”有大量资金、高超技术、稀缺人才和用户资源，它们用自己在行业里积累的先发优势，在“雏鹰”的发展道路上竖起了一道屏障。这时，我们不禁要问：在群雄环绕、弱肉强食的残酷市场环境中，势单力薄的中小企业该如何与实力雄厚的大企业一较高下，赢得生存空间，甚至以弱胜强？

先不着急回答问题，我们来看看火锅行业的“雏鹰”巴奴是如何与“雄鹰”海底捞抗衡的。

海底捞是火锅行业的标杆企业，是一只“雄鹰”，很多餐饮企业望尘莫及，别说赶超了，能并驾齐驱就已经很不错了。在新冠疫情的影响下，不少火锅企业业绩下滑和闭店，海底捞也未能幸免。但作为后起之秀的巴奴火锅，其业绩不仅没有下滑，还实现了增长，它是如何做到的？

作为“雏鹰”，巴奴火锅是海底捞的跟随者，它是从学习海底捞做起的。巴奴火锅的创始人杜中兵说：“那时候心里没底，完全不自信，惯性让你觉得人家海底捞做了，这些东西你也必须做，不做顾客就不认你。”海底捞是火锅行业的标杆，其服务和体验深受顾客的喜爱。于是，巴奴的年轻服务员开始学习怎样更好地为顾客服务，他们苦练甩面，帮顾客过生日，甚至帮顾客带孩子……但不管怎么学，巴奴火锅也只是更像海底捞，不可能超越海底捞。就这样干了 3 年，学了 3 年，明明什么都做了，顾客却还是不买账。

2011 年，巴奴的调研小组在微博上查看海底捞的顾客留言，却意外发现巴奴也有一批“真爱粉”。当调研人员问出“你们为什么喜欢巴奴”的问题时，这些忠实顾客的答案竟然出奇地一致：“我们是冲着你们的毛肚、菌汤来的，因为好吃。”

一语点醒梦中人。杜中兵从此转变经营思维：既然学不了海底捞，那就做与海底捞不一样的，与海底捞形成区隔。海底捞标榜服务，巴奴就专注产品，并喊出了“服务不是巴奴的特色，毛肚和菌汤才是”的口号，通过和海底捞“唱反调”，进行区分。表 2-1 为两家企业的部分差异化价值点。

表 2-1　海底捞与巴奴的部分差异化价值点

	海底捞	巴奴
用户定位	大众用户	高端用户
发展方向	标准化服务	品质化产品
产品价格	平均客单价为 130~150 元	平均客单价为 160~180 元
产品品类	多	主打毛肚
服务定位	极致服务	服务不过度

值得一提的是，巴奴火锅的差异化主要体现在对用户价值

的理解上。在消费升级中，变化的第一要素是“人”，“极致的用户思维”是近年来商业创新的关键要素。“用户思维”原本是海底捞的标签，因为海底捞已经占据了“服务第一”的用户心智，其他火锅企业很难取代海底捞，所以巴奴火锅提出了一个新的说法——“服务不过度，样样都讲究”。如果用温度来衡量服务，那么海底捞是热情似火的，而巴奴火锅是温和的40℃。“服务主动而留有界限”，这是巴奴火锅吸引高端用户的重要方式，也是其与海底捞最大的用户差异化价值点。

在找到了战胜“雄鹰”海底捞的秘诀后，巴奴在随后的8年时间里，从一只“雏鹰”成长为翱翔的“雄鹰”。虽然从门店数量和营收规模来看，巴奴火锅与海底捞尚有较大的差距，但作为“后浪”，巴奴的发展势头不可小觑。在餐饮大数据研究与测评机构NCBD（餐宝典）发布的“2022中国餐饮金饕奖”十大最受欢迎品牌榜单中，巴奴已经以黑马之姿冲进前三。

巴奴火锅为什么能够在如此短的时间内脱颖而出，成为海底捞最强的竞争对手？它靠的是什么？杜中兵给出了答案：“顾客不是求来的，而是因为你能给他们带来价值，求人不如求己。死磕自己最有价值。”

看完巴奴与海底捞——“雏鹰”与“雄鹰”——的这场较量，你找到“雏鹰”生存下来并战胜“雄鹰”的答案了吗？

答案显而易见：另辟蹊径，开创独一性，做一只不一样的“鹰”，做绝对差异化价值。今天企业的成功大都来自价值创新，企业通过创新获得了绝对差异化价值，有了绝对差异化价值，企业就拥有了核心竞争力，有了核心竞争力，企业就可以通过价格获得价值的回报，最后实现可持续发展。

有一只大鳄鱼，我们要打败它，在水里打，肯定打不过。但是，我们把鳄鱼引到树上，猴子就能打败它。在全球化竞争环境下，中小企业要打败同行的领先企业，要生存下来，如果硬碰硬，采取“正面阻击战”，一定打不过。《孙子兵法》里说：“凡战者，以正合，以奇胜。”正面打不过，我们可以采取“侧面包围战”，通过价值创新，找到一块既能突围又能防守的阵地，这才是战胜领先企业的突围之策和生存之道。

逻辑很简单。当我们还是“雏鹰”时，同行的领先企业怎么做，我们就怎么做，做一样的事情，为用户创造一样的价值，而领先企业有钱、有人才、有资源，我们凭什么打赢这场战役？

这就好比跆拳道比赛，不是一个级别的选手在一起比赛，从理论上讲轻量级拳手要想战胜重量级拳手是有一定难度的。那么，轻量级拳手怎么才能战胜重量级拳手呢？轻量级拳手可以从对方侧面、后面等进攻死角攻击，用偏闪的方式躲避对方的正面进攻，利用目标小、行动灵活、速度快的优势，战胜重量级拳手。

此时，你可能会说："我有好的技术和想法，就是要聚集企业所有的力量和资源，拼上性命去与领先企业打正面战，靠更大的价值战胜对方。"

跟随还是完全不同？这都是一种选择。只是当我们还是"雏鹰"时，拿有限的资源和时间去参与一场无限的竞争，可能会"伤敌一千，自损八百"。战场上，我们要"量敌用弹"，不浪费任何一颗子弹，才能做到弹无虚发。如果选错了弹药，不仅达不到预期的击敌效果，还会弹尽粮绝，陷入绝境。

在领先企业已经建立主导性优势的环境里，任何价值都会沦为鸡肋。不要夸大我们的执行力，不要夸大我们的努力程度，不要夸大我们的效率。要知道"雄鹰"之所以成为"雄鹰"，本质上来说也是为用户创造了绝对差异化价值。当我们拼尽全力在"雄鹰"的主场与其抗衡时，在很长一段时间内，我们是无法给用户提供价值的，而这段时间已经足够企业"死"很多次了。

所以，请企业经营者牢牢记住：价值创造的第一本质是价值创新，是做绝对差异化，做不一样的"鹰"，这是企业经营者要取的"一"。毕竟，我们太喜欢在人潮拥挤的地方出类拔萃。

用户为什么买“你”

企业做绝对差异化，一方面解决了企业要如何更好地活下去，从“雏鹰”成长为“雄鹰”，并战胜对手的问题；另一方面解决了“用户为什么买‘你’”的问题。

现在，请大家花两分钟认真地思考一下：用户为什么买“你”？我建议大家把用户购买的理由写下来，因为这件事很重要，需要认真审视。现在，请你拿起笔，在下面的横线处写下“用户为什么买‘你’”。

用户为什么买“你”？

我们先来看一下两位企业经营者是如何回答这一问题的。

一位经营个人智慧化生活方式的企业经营者回答：“用户买的是我们的健康风险防控、数字化生活方式管理技术。”一位经营外贸物流运输的企业经营者回答：“用户买的是我们的高效、安全、稳定、多元化。”

在看完这两家企业的用户购买理由后，假设你是用户，你会购买它们的产品吗？

坦率地讲，我不会购买。而且我还要再说一句很残酷的话：绝对不买。因为它们提供的价值不值得我购买。以物流企业为例，分析一下我为什么不买。

原因一：全。很多人觉得“全”是面面俱到和万无一失。在我看来，“全”意味着“全军覆没”。当这位企业经营者说出“高效、安全、稳定、多元化”时，这几个词其实是自相矛盾的。稳定可能就没有那么高效，高效可能就没有那么安全，安全就不得不舍弃多元化。人无完人，企业也是如此。迄今为止，没有一家企业可以做到十全十美。当一家企业想把“高效、安全、稳定、多元化”等所有的用户价值都做到极致时，这意味着它一个都做不好。因为时间、精力和资源有限，样样通等于样样松。

原因二：无绝对差异化价值。“高效、安全、稳定、多元化”是所有物流企业的价值，既然是所有物流企业的价值，那么用户为什么一定要选“你”？“你”的核心价值在哪里？

在产品同质化严重的时代，企业要想精准地找到用户购买的理由，就要为用户开创独一的核心价值。要做到这一点，企业就要取一舍九，找到核心价值，把这件事做到极致。

以手机行业为例，苹果手机的差异化价值是硬件性能强大；OPPO 手机的差异化价值是拍照效果好；vivo 手机的差异化价值是音质好；金立手机的差异化价值是超级续航；小米手机的差异化价值是性价比；华为手机的差异化价值是商务。虽然这些企业处于同一个行业，但是每个企业都和而不同，美美与共，这就是绝对差异化用户价值的魅力。

当然，绝对差异化并不是在表面上下功夫，盲目追求“看得见的独特”。任何一家成功的企业都准确地回答了这样一个问题：我要提供给用户什么样的购买理由，从而让他们选择我而不是别人？

让我们回到开头的问题：用户为什么买“你”？如果我是物流企业的经营者，我会清晰地告诉用户，我们的核心价值是“快”，我们是中国跨境物流企业中最快的，其他跨境物流企业需要 10 小时，我们只需要 8 小时。为什么快？因为我们建立了一套高效的系统，从接单、空运到派件，所有的流程都是为了快。如果用户需要“快”，就买我们；如果用户不需要“快”，就没有必要买我们。因为我们只卖“快”。

其实，价值创新并不难，难的是克服心中的贪婪，难的是取一舍九。企业经营者不要总是什么都想做，要做绝对差异化，坚守价值创造的第一本质，舍掉“九”，才是企业在价值创造中成本最低、效率最高的一招制胜方法论。

结尾处，送给大家一句话，与大家共勉。卢梭在《论人类不平等的起源和基础》中写道："所有人都朝着镣铐的方向奔跑着，满心以为这样便可获得自由。"

你有我也有，你亡我也亡

通过前面的分享，我们已经找到了企业价值创造的第一本质：价值创新，做绝对差异化。如果此时你还没有找到企业价值创造的第一本质，那么我建议你把书翻到前面，再读一遍、两遍……

反过来，如果企业经营者找不到价值创造的第一本质，没有做价值创新，没有做绝对差异化，这会给企业带来什么问题？

降价是把“杀猪刀”

价值创新的反面是什么？是“你有我也有，你卖我也卖”。企业用同样的产品、同样的用户价值来争夺有限的市场，这样的经营逻辑会给企业带来怎样的后果？

后果是你有我也有，你亡我也亡。这不是危言耸听，而是逆耳忠言。企业不做绝对差异化价值的后果可以从长虹电视的案例中得以证明。

对老一辈人来说，长虹电视绝对是他们心中的经典，如今的长虹却早已淹没在商业历史的长河中。2023 年 2 月，长虹被列为强制执行人，执行标的达 226.9 万元。这几年，有关长虹的消息多是债务纠纷、追索权纠纷、冻结资产等负面内容。可见如今长虹处境艰难，我们不禁发出感叹：昔日的“彩电大王”怎么会沦落到如此地步呢？

1958 年长虹电子创立，其最初是军工企业，在 1972 年公司转战电视市场，并很快成为当时国内少数能生产彩电的企业。当时的中国还处在改革开放的初期，彩电市场基本被日本企业垄断。为了赢得市场，长虹打起了价格战。1988 年，长虹成就了 1.97 亿元利润的销售神话。

如果说上一次的价格战只是长虹“小试牛刀”，那么 1996 年长虹的价格战可以称得上是“大显身手”。1996 年，彩电关税下调，为了和外资彩电抢占中国市场，长虹把电视的价格调低了 18%。其他本土品牌见势也纷纷跟随，这一次长虹又通过价格战赢得了市场——长虹的市场占有率从 27% 升至 35%，在 1989 年至 2009 年这 20 年的时间里，长虹蝉联电视销量冠军，成为名副其实的中国“彩电大王”。

时代在发展，市场在变革，技术在进步，面对激烈的市场竞争，长虹的思维方式仍然停留在过去，没有考虑过如何通过创新用户价值来提升企业的核心竞争力，而是依然想靠价格战赢得市场，但此时这一招已经行不通了。电视行业已经“改朝换代”，成为液晶电视的天下，三星、LG 等企业用液晶电视冲破了长虹价格战的防线，这一次，长虹输了。从 2014 年开始，长虹一直在亏损。

为了重整旗鼓，长虹决定走出国门，但出师不利。长虹病急乱投医，盲目追求产品多元化，做起了厨卫、手机和房地产，但新产品没有激起水花，之前做家电积累的优势也消耗殆尽，最终回天乏力。至此，长虹风风火火的行业神话落下了帷幕，慢慢在众多品牌竞争的国内市场销声匿迹。

长虹的没落，可谓是“成也萧何，败也萧何”。以史为镜，看完长虹的故事，你是否能从中体悟到“你有我也有，你亡我也亡”的逻辑？

你有我也有，同样的产品，同样的用户价值，为了把产品卖出去，赢得用户，企业会身不由己地陷入价格战。任何企业都不想打价格战，但为什么总是迫不得已卷入价格战呢？原因很简单，我们认为自己的产品跟竞争对手的产品没有区别，只要价格比竞争对手的便宜，就会带动产品的销量。

无论身处什么时代，在任何行业、任何领域，只要有利益就有商业，有利益就有竞争，有竞争就有价格战。我们产品主打的功能卖点，别人也可以有；我们的产品颜值高，下个月市场上就有一模一样的……打到最后就只能变成价格战：你卖 50 元，那我卖 49 元；你卖 49 元，我就卖 45 元……价格战永无止境。哪怕我们做到了世界第一，同样会有源源不断的人向我们发起挑战。企业如果没有价值创新，没有做绝对差异化，一旦陷入价格战，就会想全身而退可又无路可退。

在西方的管理哲学中有一个说法，叫作“降价必死”。一旦企业卷入价格战，就进入了一片“死海”。表面上看，企业降价的行为降低了用户的购买成本，但到最后我们会发现，这种“断自己后路”的恶性竞争，不仅扰乱了市场，更会“累死”自己，“坑死”上下游，“饿死”同行。

价格战这把“屠刀”非常锋利，基本上“格杀勿论”。企业一旦没有做价值创新，没有做绝对差异化，就是拿起了价格战这把“屠刀”。

价格战的"双维绝杀"

企业在价格战中是如何被"杀死"的?"死"的逻辑是什么?

企业一旦陷入价格战，就会出现"双维绝杀"：第一个维度会"杀"战略；第二个维度会"杀"用户。

价格战会"杀"战略

企业计算利润的公式：收入-成本=利润。假设一件产品的价格是10元，成本是9元，根据利润公式，企业在这件产品上有1元的利润。企业一旦开始打价格战，就会把产品的价格降至8元。产品的价格虽然降了，但企业做这件产品的成本并没有降低，仍然需要同样的人力成本、物力成本、管理成本等，根据利润公式，企业此时就会出现1元的亏损。这件产品的销量越高，企业亏损得越多。

为了不亏损，企业通常会采取降本的动作。怎么降本?企业可能会被迫选择偷工减料。一旦这样做，企业就是在"杀"战略。

成本就是战略。企业的战略一旦确定下来，企业的成本也就确定了。我们选择了第一的标准，那么在"人、物、销、研、产"等方面都得是第一的标准。否则，企业就偏离了战略。所以，成本是战略问题，不是战术问题。

五星级酒店为什么能被评为“五星级”酒店？这是由成本决定的，成本就是标准。当酒店的战略是做五星级时，这就意味着酒店所有的材料和服务都要符合五星级酒店的标准。比如，酒店要设有迎宾员以 24 小时迎送客人；酒店的接待人员至少能用两种外语（英语为必备语种）提供服务；酒店要有较大规模的宴会厅、会议厅等。酒店一旦降低成本，就意味着其降低了“五星级”的标准。为了节约成本，酒店不再有 24 小时迎送客人的迎宾员，也没有能用两种外语交流的接待人员，宴会厅和会议厅也会相应缩小和减少……此时，酒店不再执行五星级标准，逐渐降成了四星级标准甚至三星级标准。酒店的“五星级”战略荡然无存。

战略是标准，标准的背后是成本。当企业把成本降下来的时候，当企业把原材料从好的换成次的，把大包装换成小包装的时候，企业的战略就被“杀”掉了。

价格战会“杀”用户

企业一旦陷入价格战，第二个维度“杀”的是用户。

首先，“杀”的是用户的体验感。成本就是标准，降本就是降标，降标就会降低产品品质或服务品质，一旦品质下降了，用户的体验感就会下降。比如，五星级酒店的用户与三星级酒店的用户的需求是不一样的。五星级酒店的用户对酒店环境和服务质量的要求较高，一旦五星级酒店降低了标准，随之而来的就是体验上的落差。一旦这部分用户的需求没被满足，他们就会选择离开。

其次，“杀”的是用户的信任。我们不妨先思考一下，企业和用户之间是什么关系？很多人觉得是卖方和买方的关系，其实不完全对，企业和用户之间是彼此选择的关系。用户选择企业，基于价值需求；企业选择用户，赢得市场。而选择的前提是信任。信任是“虽然你的价格高，但我认为值”。降价会破坏这种信任，让用户产生了“不值”的价值缺失。

这就是价格战带来的“双维绝杀”，也是企业经营者没有找到价值创造的第一本质带来的“双维绝杀”。价格战永远不可能让企业成为“雄鹰”，因为企业失去了价格、品质、服务、体验、利润。无论企业多么强大，没有利润谈何生存？没有质量如何持续发展？

当企业所在的行业已经有了“雄鹰”，如果不打价格战，那么作为后来者的“雏鹰”应该如何与之竞争？

在用户价值上做创新，找到与“雄鹰”不一样的区隔点，把它做到极致，做到世界级第一。或者，基于用户价值持续创新，让自己始终超出用户的预期，做到10倍的好，做到真正的不可替代。最后，用独一无二的用户价值来支撑“价”，用持续超出预期来拴住用户的“量”，让用户从消费1次到10次、100次、1 000次、10 000次……最后聚沙成塔，企业才能真正拥有竞争力。

由此，价值创造的取舍漏斗就出来了，如图2-3所示。

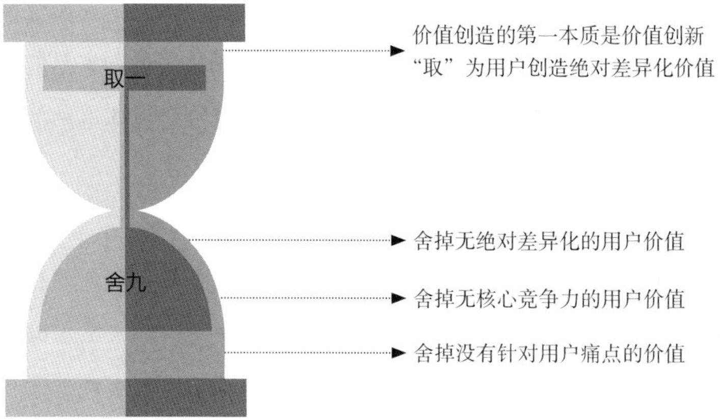

图2-3　价值创造的取舍漏斗

《哈佛商业评论》曾经对200家长寿企业（经营寿命超过100年）进行了调查研究，发现了一个有意思的现象——这些企业一直都在经营价值，为用户创造不一样的价值，几乎不打价格战。德国将“禁止打价格战”写入法律。比起价格，品质更为重要。也正是基于这样的理念，在一个人口只有 8 300 多万的国家，造就了 2 300 多个世界名牌，让“德国制造”成为品质的象征。

价值创新是每家企业的核心竞争力，企业首先要找到自己的绝对差异化价值点，然后把这个价值点不断放大、做强、做到极致，做到 10 倍的好，做到世界级第一，超出用户的认知和期望，形成独一无二的用户价值。只有这样，企业才不会卷入价格战。当“隔壁老王”在疯狂降价的时候，你的“逆向而行”同样能够脱颖而出。

价值识别器，做绝对差异化

到这里，对于价值创造的第一本质，我们已经洞若观火、心领神会了。接下来，我们如何才能找到企业的绝对差异化价值点，做价值创新，做到10倍的好？

还记得我在“用户为什么买‘你’”的内容里分享的两位企业经营者的回答吗？回顾一下：一位经营个人智慧化生活方式的企业经营者回答：“用户买的是我们的健康风险防控、数字化生活方式管理技术。”一位经营外贸物流运输的企业经营者回答：“用户买的是我们的高效、安全、稳定、多元化。”

两位企业经营者对自己的产品信心满满，用户听来却乏善可陈。为什么这两家企业会出现同样的问题？

核心原因是企业以自我为中心，站在自己的角度思考用户价值，这是内部视角，是在“向内看”。

“向内看”对企业的发展是致命的。很多企业经营者提起自己企业的产品、商业模式时总是滔滔不绝、如数家珍，却说不清自己的产品对用户有什么样的价值，商业模式有何局限。“向内看”的思维方式会蒙蔽我们的眼睛，麻痹我们的认知，让我们对市场竞争中出现的问题视而不见。“向内看”最大的问题是企业从自己的喜好或偏好出发研发产品，费时、费力、费成本地把产品制造出来，到了市场上却发现同类产品众多，用户不“买单”，最终导致企业“竹篮打水一场空”。

脱离了外部环境，企业的一切努力都只是一场空。企业经营者要想找到企业的绝对差异化价值点，就要构建外部视角，学会“向外看”。

“外部视角”是指企业在思考用户价值的问题时，不是站在企业自身的视角，而是站在用户和竞争对手的视角看待用户价值，是“向外看”。

商业思维的逻辑从来都不是“向内看”。我们的用户来自市场，竞争力来自对手，价值来自用户和社会的认可……随着互联网经济和知识经济的兴起，全球经济一体化进程的加快，市场竞争愈加激烈。企业要想生存和发展，必须密切关注外部环境变化，及时寻求价值创新。

向外看，看的是风险。政策的变化、商业环境的变化、用户需求的变化、技术的变化以及竞争对手的变化，每一次变化，都是一次“海啸”，都是一次“洗牌”。如果看不到这些变化，我们定的战略、做的产品就只能是“自嗨”。曾经的相机霸主柯达就是因为沉迷于胶片给自己带来的荣光，没有及时做价值创新，待数码时代到来时，自己被打了个措手不及后只能黯然退场。

向外看，看的是机会。彼得·德鲁克指出：“所有的创新机会都来自外界环境的变化。”机会，藏在变化里。2000年，互联网泡沫破裂，无数互联网企业倒下了，百度、阿里巴巴和腾讯却在此时确立了互联网巨头地位。企业经营者要永远记住一句话：阻碍你取得成功的，从来不是能力，而是目光的狭隘。向外看，看得有多远，就能走多远。

企业要想找到绝对差异化价值点，进行价值创新，就要构建外部视角，把眼睛从“向内看”转向“向外看”。内部视角是坐井观天、自我设限；外部视角才是天高地阔，欲往观之。

那么，企业如何“向外看”？价值创新有“三看”，“三看”对应着“三问”，我把它总结为企业的“绝对差异化价值识别器”，如图2-4所示。

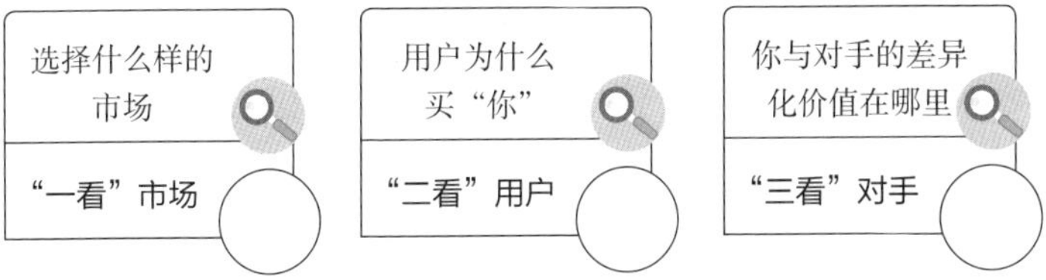

图 2-4　绝对差异化价值识别器

"一看"市场：选择什么样的市场

无论企业规模大小，赢利的逻辑都遵循着同一个利润公式：

利润 = 收入 − 成本

企业要想赢利，只有两个选择：要么提高价格，要么降低成本。企业经营者请注意，这两条路不能同时选择，它们是非此即彼的关系。提高价格意味着企业要提升用户价值，提升用户价值意味着要提升资源配置的标准；降低成本意味着企业选择了总成本领先战略，企业通过降低生产和经营成本，以低于竞争对手的价格提高市场占有率。

所以，商业的竞争路径只有两条：要么选择价值创新，要么选择成本领先，如图 2-5 所示。

图 2-5 商业竞争的两条路

此时，又到了取一舍九的时刻——企业经营者应该选择价值创新，还是选择成本领先呢？这两条路对应着不同的市场。

选择价值创新，就选择了高端市场

企业如果选择了价值创新这条路，就意味着选择了高端市场。因为要做到价值创新，企业就要在成本上做加法，一切围绕“第一”的标准配置所有的资源。假如我经营了一家过桥米线店，如果选择了价值创新这条路，那么就要选择最好的原料——优质的泰国大米做米粉，云南土生的乌鸡熬汤，香格里拉产的野生韭菜做配料，特供的乌金猪肉做荤菜……同样地，在店址选择、店面设计、服务质量等方面，都要用最好的配置和最高的标准。

当企业选择了价值创新这条路，用“第一”的标准配置了企业所有的资源时，那么相对应地，企业产品或服务的价格就会提高。这正好从反面说明了一点：走价值创新这条路的企业是不会打价格战的。因为一旦打价格战，产品或服务的品质就会下降，用户价值就会降低。

什么样的企业适合选择价值创新这条路？当拥有高超技术和能力时，企业就可以选择价值创新这条路。

选择成本领先，就选择了大众市场

企业如果选择了成本领先这条路，就意味着选择了大众市场。因为要做到成本领先，企业就要在成本上做减法，把成本做到极致。请企业经营者一定要注意，成本领先不等于低质量，不是偷工减料，更不是以次充好。成本领先是通过精细化运营，对企业的整个流程进行系统设计，比如数字化运营、数字化生产等，让产品既有价值又便宜，这样企业就能实现低成本赢利。

丰田汽车的品质无与伦比，利润水平更是冠绝全球汽车行业。丰田既可以生产具有极致性价比的丰田卡罗拉，又可以生产高端的雷克萨斯，既能把成本控制到最低，又能把利润控制到最高，丰田是如何做到的呢？

丰田前社长渡边捷昭曾说：“把成本降低 30% 是远远不够的，我们要尽一切可能来降低成本。目标是在现有的基础上再降低 50%，目的就是确保 20%~30% 的利润。”这就是丰田著名的

“成本减半战略”。丰田“成本减半战略”的根本目标是杜绝浪费，并将其标准化。丰田通过一系列的流程管理，将问题逐个击破以实现终极目标。为了节约读者的时间，我把丰田的“成本减半战略”提炼出来，浓缩成25个核心，如表2-2所示。

表2-2 丰田“成本减半战略”的25个核心

序号	25个核心
1	不找借口
2	与其解释不清楚，不如努力思考找方法
3	不要畏首畏尾
4	马上行动
5	情急生智
6	不要追求完美，60分就行，贵在行动
7	花一年时间尝试成本减半，利润倍增，牢骚放在行动之后
8	认为今天做得最差
9	出现在有问题的现场
10	有始有终
11	不要制作无用的“纸料”
12	有错即改
13	没有能力 = 没有烦恼的能力
14	不要用钱，要用头脑，没有头脑就会出汗出力
15	调整是技术员在掩盖贫乏的技术

（续表）

序号	25 个核心
16	打破神话
17	数钱不会生钱
18	不要提供思考的时间，提供行动的时间
19	揪出真正的原因，问 5 次为什么
20	变革无止境
21	时间是动作的影子
22	批量大小取决于老板的实力
23	不明确交货期的指示不必执行
24	当前工作应便于下一道工序的开展
25	将不赚钱的动作转化为能赚钱的动作

这 25 个核心因素之所以重要，是因为丰田的“成本减半战略”起到了乘积效果：每个方面提升 3%，成本减半可以带来 9% 以上的提升。这样的效果不是一蹴而就的，需要企业从细节上不断优化改进。丰田最开始有 35 种不同的汽车门把手，种类越多，成本就越高。为了降低成本，丰田采用标准化和通用化设计，将 35 种门把手缩减到 3 种，分别为高档车专用车门把手、中档车专用车门把手和低档车专用车门把手，这样一来，品类减少了，生产线也随之减少，同时生产效率也提升了，成本被摊薄，企业的利润就提上去了。

什么样的企业适合选择成本领先这条路？当拥有高超运营能

力时，企业就可以选择成本领先这条路。

通过“看”市场，你找到答案了吗？是选择走价值创新之路还是成本领先之路？是选择高端市场还是大众市场？现在，请在下面的横线处写下你的最终选择，牢记取一舍九，只能二选一。

价值创新 or 成本领先

“二看”用户：用户为什么买“你”

“看”完市场，接下来，我们要“看”用户，通过用户视角，找到“用户为什么买‘你’”的绝对差异化价值点。这里，我们需要先明确“什么是用户”。很多企业把经销商、代理商视作“用户”，这是错误的。用户是企业产品或服务的使用者、体验者和消费者。

价值创新的实质是给用户一个非买不可的理由，即为什么买你的而不买别人的。那么，企业如何找到这个非买不可的理由呢？此时，又到了取一舍九的时刻——用户的购买理由多如牛毛，可以为了喜欢而买，可以为了好看而买，也可以为了便宜而买，企业要如何找到用户非买不可的理由呢？

广告史上第一个关于产品的理论[①]，叫作USP理论，它有三个要点：

每一则广告必须向用户提供一个主张，让其明白购买广告中的产品可以获得什么利益。

主张必须是独特的，是竞争对手没有的、做不到的。

主张必须是有销售力的，强有力地聚焦在一个点上，集中打动、感动用户。

这三个要点太经典了，建议读者反复阅读，它们可以成为企业找到绝对差异化价值点的核心指导思想。这三点增之一分则太长，减之一分则太短。对照USP理论，就能得出企业找到用户“非买不可”的“三一法则”，如图2-6所示。

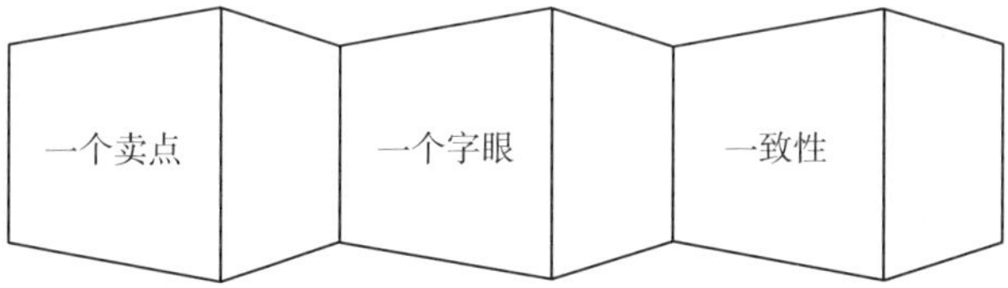

图2-6　找到用户“非买不可”的“三一法则”

① USP理论的英文全称是Unique Selling Proposition，即向用户说明一个“独特的销售主张”。该理论由美国人罗瑟·里夫斯于20世纪50年代提出。

一个卖点：我等于什么

卖点就是告诉用户“我等于什么”。比如：

“怕上火”= 王老吉；
“省”= 拼多多；
“全”= 淘宝；
“快”= 顺丰；
……

卖点的提炼，要从用户的利益、用户的需求和感受出发，不能只讲功能。“你是谁”不重要，重要的是“你能给用户带来什么”。只关注产品，不关心用户想要什么样的价值点是自说自话，是“自嗨”。

那么如何提炼卖点？

很多企业的产品有大量卖点，比如功能齐全、技术领先、性能一流、颜值出众、品质可靠、性价比超高等。企业经营者总是希望多多益善，恨不得把所有卖点都告知用户。这是很多企业在找用户“非买不可”的理由时踩过的最大的坑。其实，企业面临的最大困难不是找不到“我等于什么”，而是不懂得取一舍九。企业经营者总是“既要”，“又要”，“还要”，一个都不能少。

此时，又到了取一舍九的时刻——企业经营者在提炼卖点时，只能找到最重要的那一个，记住：产品有且仅有一个卖点。

如果我们的产品和竞争对手的产品提供的功能相似，卖点就可以避开功能，寻找自己的产品在技术上、工艺上、原材料上以及生产过程中是否有区别于竞争对手产品的价值点，让用户看到产品的特别之处，从而愿意为此买单。

如果产品功能和背后的价值点都和竞品没有显著差异，那么我们可以从产品体验入手。用户对产品往往是拿着放大镜来审视的，细节上的一点点不同，都可以是人无我有的独特之处。

如果产品功能差不多，技术差不多，产品体验也差不多，那么最大的差异化就是品牌。大品牌可以主打企业实力、品类地位；小品牌可以主打权威证明、销量领先。大品牌有大品牌的好，小品牌有小品牌的美。

现在，你找到企业产品或服务的卖点了吗？请在下面的横线处写下你的最终选择，牢记取一舍九，只能有一个卖点。

我等于什么？

一个字眼："一字"了然

企业在找到"我等于什么"后，要把它浓缩成一个字眼。

此时，又到了取一舍九的时刻——我经常看见一些企业在推广产品时，海报犹如报纸，上面密密麻麻有很多字。我猜企业经营者的想法是，总有一句话可以打动用户。其实，字越多效果越差，说得越多等于什么都没说。一个好的购买理由是高度聚焦，一字了然。为什么这么说？原因有三。

"一"意味着资源聚焦。企业只有把所有的资源聚焦在一个字眼上，才具有穿透力，才能击石穿岩，为用户创造超预期的核心价值。比如，拼多多——省；淘宝——全；顺丰——快。

"多"意味着相对立。经常有企业经营者说："我们又多、又快、又好、又省。"其实只要认真思考一下，我们就会发现："多""快""好""省"这四个字是对立的。"多"和"省"走的是成本领先这条路，选择的是大众市场；"快"和"好"走的是价值创新这条路，选择的是高端市场。当我们什么都想要时，往往什么都得不到，最后的结果是被市场和用户抛弃。设想一下，如果未来有一个平台比拼多多更“省”，拼多多就会被市场和用户抛弃；如果顺丰舍掉了“快”，那么未来大概率也会出现危机。

“多”意味着高成本。每多加一个字眼，企业就要投入更高的成本来实现这个字眼所要达到的效果。而且很多时候是吃力不讨好，高投入低产出，卖力宣传了一堆，最后用户什么也没记住。

因此，只有聚焦一个字眼，企业才能做到资源聚焦，并降低用户的理解成本，以最快的速度抢占用户心智。至于如何把卖点浓缩成一个字眼，考验的是文案能力。企业经营者可以集思广益，群策群力。这里我分享两个万能模板。

模板一：期望点 + 用户利益点。比如“想要皮肤好，早晚用大宝”，“想要皮肤好”就是用户的期望点，怎么解决？用“大宝”。

模板二：恐惧点 + 用户利益点。比如“怕上火喝王老吉”，“怕上火”是用户的恐惧点，怎么解决？喝“王老吉”。

总结一下，好的用户非买不可的理由，要达到高度聚焦，一字了然。一字了然有两个层次：一眼看到产品的核心卖点；一眼看懂、看明白。如果把产品放到用户面前，还需要向用户解释“这是什么”，基本上没戏了。现在，请结合上面写的“我等于什么”，用一字了然的原则重新写下“我等于什么”。

我等于什么？

一致性：在用户看不到的地方也要非常好

企业在找到“我等于什么”并将其浓缩成一个字眼后，接下来要把这个字眼烙在用户心上，抢占用户心智。用通俗易懂的话来说，就是当用户想要购买某一款产品时，第一个想到的就是“你”。

如何在用户心里烙下一个印记？我有一条妙计供企业参考，那就是一致性。

一致性是指企业的所有行为与用户非买不可的理由保持一致。比如，从企业的使命、战略、价值创新，到产品、团队、用户，再到原材料、研发设计、生产、管理、流程……方方面面都必须围绕这个字眼，万箭齐发，万法归一。

一致性说起来容易，做起来却是一件很困难的事，这也是很多企业找到绝对差异化价值后却做不到价值创新的原因所在。一致性需要企业经营者取一舍九，需要多年如一日的坚持、专注和勇气，久久为功，才能走向成功；需要企业全员心往一处想，力往一处使，力出一孔。

现在，请结合上面写的“我等于什么”，检测企业所有的动作与用户价值是否一致，把结果写在下面横线处。

检测一致性

“三看”对手：你与对手的差异化价值在哪里

价值创新过程中最容易出现的失误是什么？是企业没有“看”竞争对手。不看竞争对手，企业就无法形成绝对差异化，无法创造出独一无二的用户价值。这也意味着，即使企业准确地找到了市场和用户非买不可的理由，但如果没有找到与对手的绝对差异化价值在哪里，价值创新依旧等于零。所以，“看市场”，“看用户”，“看对手”三者缺一不可。

企业在“看”竞争对手时，要解决三个问题：看谁？怎么看？看什么？

“看”谁：正确界定竞争对手

从用户资源竞争层面来说，企业要选择与同行的“雄鹰”过招。不怕对手强，就怕对手弱。企业要想从“雏鹰”变为“雄鹰”，就要选择同行业的“雄鹰”作为竞争对手。同行业世界第一的标杆是谁？同行业亚洲第一的标杆是谁？同行业中国第一的标杆是谁？

除了用户资源层面的竞争，企业之间的竞争还表现在争夺其他资源上。比如，当当网以销售图书为主，华为以生产销售通信设备为主，从用户资源来说，二者不存在竞争关系。但它们对优秀计算机程序设计人才的需求是一致的，在人力资源方面，它们是竞争对手。总的来说，企业界定竞争对手的标准有 4 个，即直接竞争对手、间接竞争对手、替代性竞争对手、潜在竞争对手，如表 2-3 所示。

表 2-3 企业界定竞争对手的 4 个标准

对手类型	对手类型标准	举例
直接竞争对手	产品相同，用户相同	可口可乐 vs 百事可乐
间接竞争对手	产品不同，用户相同	可口可乐 vs 燕京啤酒
替代性竞争对手	用户相同，可以互相替代彼此	柯达胶卷 vs 索尼数码相机
潜在竞争对手	行业相关者和非行业相关者	冰箱生产厂家 vs 洗衣机生产厂家

又到了取一舍九的时刻了。按照界定竞争对手的 4 个标准，企业可以在 4 个维度列举出很多竞争对手，并选择最大的竞争对手，企业该如何选择呢？企业可以通过以下 4 个维度给所有的竞争对手打分、排序，如表 2-4 所示，得分最高的就是企业最终的竞争对手。

表 2-4 给竞争对手打分的 4 个维度

准则	企业 1	企业 2	企业 3
市场地位			
品牌影响力			
产品竞争力			
目标用户群			
综合得分			

需要提醒企业经营者的是，商业竞争中没有永恒的敌人，也没有永恒的朋友，竞争对手也会随着环境的变化而变化。

怎么“看”：成为竞争对手的用户

“临渊羡鱼，不如退而结网。”想知道竞争对手怎么做，最好的方法是成为竞争对手的用户，买它们的产品，体验它们的整个服务流程。

“看”什么：看4个维度

迈克尔·波特在《竞争战略》一书中提出了竞争对手分析的模型，企业主要看竞争对手的4个维度：现行战略、实力分析、行为假设、未来目标。

现行战略：竞争对手目前正在做什么，将来能做什么；

实力分析：竞争对手有哪些优势，与竞争对手的差距在哪里；

行为假设：竞争对手有哪些劣势，针对劣势有什么机会；

未来目标：是什么驱使竞争对手向前发展。

企业可以根据以上4个维度对竞争对手进行关键竞争因素对比，从而形成新的竞争策略，区隔对手，创新用户价值。

现在，请通过表2-5，找出企业与竞争对手的差异化价值。

表 2-5 看竞争对手的 4 个维度

对比项目	竞争者的情况	本企业的情况	相对于竞争者		应采取的措施/改善行动
			优势	劣势	
现行战略					
实力分析					
行为假设					
未来目标					

企业在“看”对手的时候，一定要注意，不能为了差异化而差异化。比如，竞争对手生产了一辆车，轮子是圆形，我们为了差异化，非得做成方形。差异化体现在竞争对手的产品可改进、可优化的地方。没有最好的产品，只有更好的产品。积极借鉴竞争对手的优秀经验，弥补竞品存在的不足，在这种思路的指引下，我们一定能找到一条差异化的出路。

现在，请在下面的横线处写下你与竞争对手的差异化价值。

你与竞争对手的差异化价值

写完以后，请你再做最后一个动作，把前面“三看”中写在横线处的内容总结在一起，这样就能快速找到自己的核心竞争力。下面是我的“三看”总结：

我选择的市场：高端。

我等于什么：实效。

我的竞争对手的劣势：不够实效，不够简单。

花一秒看透商业本质的人，注定能开创伟大的事业。商业竞争，拼到最后不过是探究第一本质的问题：你是否为用户创造了绝对差异化价值？是否做到了10倍的好？

一家企业做的事情再小，用户群再少，只要做的事情对用户有价值，也可以成为细分领域的“雄鹰”。作为企业经营者，我们要有“雄鹰展翅高空飞，搏击长空终不悔”的精神。

读书笔记

阅读时间

启迪摘抄

阅读思考 / 企业经营实践

第 3 章

组织的取一舍九

成就用户

组织的第一本质是成就用户。

企业所有的改变，

都是为用户而变；

所有的进击，

都是为用户而战。

用户满意是衡量一切工作的准绳。

以用户为中心

企业“开门三件事”：做战略、找价值、搭组织。战略决定组织，组织创造用户价值。企业经营者在选择了世界级第一的标准，选择了成为一只“雄鹰”，找到了企业为用户创造绝对差异化价值的方法后，就像手中握有一张地图，清楚了前进的方向。但这还不够，经营者还需要考量企业是否具有实现战略和创造用户价值的能力。战略很容易被模仿，绝对差异化的价值也有可能被替代，但组织能力难以在短期内被超越。企业只有依靠强大的组织，才能确保自己比竞争对手更快、更好地执行战略。

组织是支撑企业战略、价值创新的基础，战略和价值创造决定了企业构建什么样的组织。

一切动作围着用户转

什么是组织？

让我们回到组织开始的地方，首先是一个人想做一件事，为了把这件事做成，他觉得一个人单枪匹马有些势单力薄，做不成，于是开始招兵买马，扩大队伍，先是两个人、三个人、十个人、一百个人……最后变成了一群人做一件事，组织越来越大。事要想做成，人要想管好，不能没有章法，于是，企业就有了组织架构、规章制度、价值观、使命以及愿景等。

如果你认同以上的推理逻辑，我们就会达成一个共识：组织诞生于一群人要干一件事。那么，一群人就是组织吗？不一定。有下面这三个特征的一群人才叫“组织”。

成员大于等于 2 人；
有共同目标；
有系统化的结构。

人各不相同，组织也千差万别。比如，有的组织是为了做好一间餐厅，有的组织是为了做好一个产品，有的组织是为了做好教育，等等。虽然组织要做的“那件事”不同，但我们能透过现象看本质，找到所有商业组织的共同点。

很简单。我们只要知道谁给组织创造价值，谁让组织获得收益，答案就显而易见了：所有商业组织的共同点都是为用户创造价值。彼得·德鲁克在《管理的实践》一书中指出，企业存在的唯一目的就是创造顾客。顾客是企业的基石，是企业存活的命脉，只有以顾客为中心的组织才能基业长青。这意味着无论组织在做一件什么样的事，所有商业组织的共同点都是为用户创造价值。这既是组织的起点，也是组织的终点。

以终为始，既然决定企业生死的是用户，组织就必须建立在为用户创造价值上。那么，"组织"的定义就很明确了。

组织 = 以创造用户价值为生存方式的一群人

不要把组织复杂化，它的本质其实是"赤裸裸"的。成就用户，是当今组织生存和发展的第一本质，是组织不变的"一"。对于这样一个朴素的真理，谁能够坚定执行，谁就可能成功。组织要想长久、健康地发展，就需要正本清源，回到成就用户的轨道上来。

处在 VUCA① 时代的组织，更应该紧紧抓住"成就用户"的

① VUCA 源自 20 世纪 80 年代沃伦·本尼斯和伯特·纳努斯提出的领导理论，是 volatility（易变性）、uncertainty（不确定性）、complexity（复杂性）、ambiguity（模糊性）的缩写，一般是指充满不确定性的、快速变化的环境。

第一本质，这是在不确定时代可以笃信的逻辑。拥有持久生命力的组织一定不是以自我为中心、以管理为中心、以控制为中心，它们紧盯用户，时刻围着用户转，最终成就了用户，也成就了组织本身。这就是“成就用户型组织”。

华为的成功离不开“以客户[①]为中心”。华为初创阶段资金有限，只有一辆汽车，如果任正非和客户同时需要用车，那么一定是客户优先使用。在任正非看来，客户才是企业的“衣食父母”。有一次，他去外地的华为办事处出差，办事处主任专门租了一辆豪华轿车去机场迎接他。这位主任本以为这样能表达对领导到来的重视，不料却被任正非大骂一通：“这辆车应该给客户坐，而不是给我坐！你应该把时间花在客户身上，而不是我身上！”

很多企业经营者嘴上说着“以用户为中心”，其实内心的真实想法却是“以领导为中心”，希望员工围着自己转。在华为，“脑袋对着客户，屁股对着领导”成了选拔员工的标准。任正非多次在大大小小的场合强调：要以客户为中心，而不是以领导为中心；要脚踏实地做事，而不是溜须拍马耍花招；要脑袋对着客户，屁股对着领导。

---

① 华为一般使用客户这一称呼，为使内容严谨，华为案例中使用“客户”一词。

脑袋对着用户，就是想用户之所想，急用户之所急；屁股对着领导，就是不拍领导的“马屁”，不围着领导转。朴素的道理，成就了一家伟大的企业。

什么是成就用户型组织？看了华为的做法，你体悟到了吗？

成就用户型组织是以用户为中心，组织的一切动作都围着用户转。企业所有人的注意力都集中在用户身上。总结起来，真正的成就用户型组织有四大特点，同时也在解决四个问题。

以用户为中心的使命：你在为谁而战？

以用户为中心的价值评价和价值分配体系：你以什么标准来衡量工作？

把资源用在创造用户价值上：你的资源用在哪里？

以用户为中心的组织设计：你的组织设计导向是什么？

为用户而变，为用户而战

你在为谁而战

成就用户型组织解决的第一个问题是，你在为谁而战？现在，请你拿起笔，在下面的横线处写下“你在为谁而战”。

你在为谁而战？

“为谁而战”是所有企业面临的一个问题。为股东而战、为员工而战、为企业经营者而战是最普遍的三种认知。接下来我们逐一分析一下这三种认知。

诺贝尔经济学奖获得者米尔顿·弗里德曼认为，企业最应该关注股东利益，以股东价值最大化为中心。这一观点明确了企业要为股东而战。在美国，很多企业最看重的是股东价值。股东价值代表资本，代表利润，所以，为了追求利益最大化，企业奉行短期主义，资本指哪里，企业就打哪里。摩托罗拉、思科就奉行了为股东而战的价值观，最后却为资本所伤，轰然倒下。

为员工而战看似是利他的，实则存在很多弊端。在欧洲国家和日本，很多企业对员工非常好，强调以员工为中心，给员工提供高工资、高福利、高保障的就业环境，以为员工的幸福感提升了，自然会在工作中投入更多的热情，为企业创造更多的利润。但实践证明，围着员工转的企业，员工工作效率不升反降。一个舒适的环境并不会激发人的斗志，只会温水煮青蛙，让员工越来越惰怠。任正非对这一点早有洞察：“我们希望员工像谷歌员工一样快乐，但我们不能提高员工满意度，因为员工不是客户，否则就是高成本。”

为企业经营者而战是很多中小企业的现状。在这样的企业里，处在 1 号位的人就是“天”。员工把工作视为“给领导打工”，企业发展得好与不好，员工并不关心，他们只关心能不能按月领到工资，这样一来，他们就很难有工作积极性。

看到这里，很多人会问，企业到底应该为谁而战呢？其实，无论如何变革，都不能丢失组织的第一本质：以用户为中心，为用户而战。

企业所有的改变，都是为用户而变，所有的进击，都是为用户而战，说得再具体一点儿，是为提升用户价值而战。只有不断地为用户创造价值，才能激发组织的活力，使组织真正具有生命力，在不断提升用户价值的过程中提升组织的价值。

为用户而战在组织上的抓手是共同的使命感驱使所有人面向用户。企业的愿景或使命当以用户为中心，聚焦在为用户创造价值上。以谷歌的使命为例：“整合全球信息，使人人皆可访问并从中受益。”它的使命是“使人人皆可访问并从中受益”，企业为用户创造价值，使用户受益之后，营收和利润自然源源不断。反之，如果企业确立的是“每年实现利润翻番”这样的愿景和使命，就决定了企业一切朝钱看，眼里根本没有用户，没有用户就没有市场，没有市场，谈何利润？

你以什么标准来衡量工作

成就用户型组织解决的第二个问题是，你以什么标准来衡量工作？现在，请你拿起笔，在下面的横线处写下“你以什么标准来衡量工作”。

你以什么标准来衡量工作？

这道题的正确答案是，用户满意是衡量一切工作的准绳。企业的一切经营活动，都应以用户满意为最终评价标准。企业各部门、各流程、各岗位的绩效指标，不应该从财务指标开始分解，而应该从用户满意度指标开始倒推。

组织要以提升用户价值为目标，建立以用户为中心的价值评价和价值分配体系。给用户创造价值的员工，一定也为企业创造了价值。企业在进行利益分配的时候，就要向这样的员工倾斜。这样一来，企业就会形成正向循环。这样的价值评价和价值分配体系不再是朝钱看，朝业绩看，而是真正做到了朝用户看，哪个员工和用户离得近，哪个员工就能得到高的价值评价和多的价值分配。

企业、员工和用户之间是一个有机的整体，员工在创造用户价值的过程中也实现了自己的价值和企业的价值。海尔集团创始人张瑞敏很早就敏锐地洞察到了这一点，提出了“人单合一”的组织模式。

“人单合一”中的“人”就是员工，“单”就是用户价值，将员工的价值与给用户创造的价值合在一起就是“人单合一”。在张瑞敏的理念中，“企业即人，人即企业”，人是一切管理的前提。“人单合一”把人的价值提到了首位，抓住了管理的“牛鼻子”，人的主观能动性被极大地调动了起来，员工在企业里扮演的不再是“打工者”的角色，而是与企业同进退、共存亡的主人翁的角色。

“人单合一”的组织模式，使组织打破了层层壁垒，拥有了更强的韧性和生命力，就连亚马逊、苹果、推特、优步等企业也有意复制这种模式。

你的资源用在哪里

成就用户型组织解决的第三个问题是，你的资源用在哪里？

现在，请你拿起笔，在下面的横线处写下“你的资源用在哪里”。

你的资源用在哪里？

企业的资源是有限的，而市场竞争是无限的。企业要以有限的资源创造无限的价值，就要把资源用在创造用户价值上。组织资源分配要以用户为中心，给离用户最近的人配置最丰富的资源。

华为一直以最高规格来接待客户。华为有一支豪华礼宾车队，车辆全都是奔驰、奥迪等品牌。这支车队的服务对象不是华为的领导层，而是客户。华为对客户有多重视呢？我们从细节处就能窥见一斑。2019 年 3 月，华为在客户展厅接待重要客户时，原本陈列着的一块 8K 屏幕被拿到巴塞罗那参展去了。因为这块缺失的屏幕，相应业务集团的总裁专门做了“关于 F1 展厅 8K 屏幕的检讨”，检讨内部对客户界面的投入不够，没有把“以客户为中心”落实到相关业务流程中。这还没完，任正非认为检讨不够深刻，还专门批示：“检讨没有深刻认识到什么叫战场，什么叫战线，我们怎么对胜利负责？”

一块屏幕引发了内部一次深刻的大检讨，这不是任正非小题大做，而是充分说明用户对企业的重要性，涉及用户的事都是大事，没有小事。

你的组织设计导向是什么

成就用户型组织解决的第四个问题是，你的组织设计导向是什么？现在，请你拿起笔，在下面的横线处写下“你的组织设计导向是什么”。

你的组织设计导向是什么？

成就用户型组织最典型的特点是，用户提出的问题在组织内能第一时间得到快速响应并高效推进解决。要做到这一点，企业经营者在组织设计上要减少中间层，使企业对用户需求的传递更准确直接，对用户的服务交付更快捷高效。企业的“人、财、物、销、供、研、服”等所有的业务流程都要面向用户，以用户为中心，以用户为重心。

亚马逊将“成为地球上最以客户为中心的公司”作为企业使命，为了达成这个使命，亚马逊从组织架构开始入手。亚马逊采用的是扁平化的组织层级，很多业务没有烦琐的中间流程，而是直接面向用户。在亚马逊的网站上，网站工程师的电话就挂在用户支持页面上，用户对网站服务有任何意见都可以直接联系工程师，工程师可以立刻着手改进。

这样的组织设计，使亚马逊能一直保持和用户的联系，因此也能第一时间掌握用户的需求。在《商业周刊》上发表的《亚马逊就是亚马逊》一文是这样描述亚马逊的：“像青春期的少年一样茁壮成长。”对一家成立近 30 年的企业来说，这样蓬勃旺盛的生命力离不开“以用户为中心”的组织设计导向。

脑袋对着领导，就需要层层上报，层层审批，在这个过程中，用户的需求可能会被误解、被忽略，最后企业与用户之间的距离只能越来越远；脑袋装着用户，就会让听得见炮声的一线人员有产品决策权，打破组织层级壁垒，使组织能灵活、快速地响应用户需求，真正为用户创造价值。图 3–1 为从“以领导为中心”的组织设计转向“以用户为中心”的组织设计示意图。

以用户为中心的成就用户型组织，是要紧紧围绕用户价值去设计组织架构、业务流程、标准机制等。在这样的逻辑下，组织架构就会由原来的领导在上、直接面对用户的部门在下，变成用

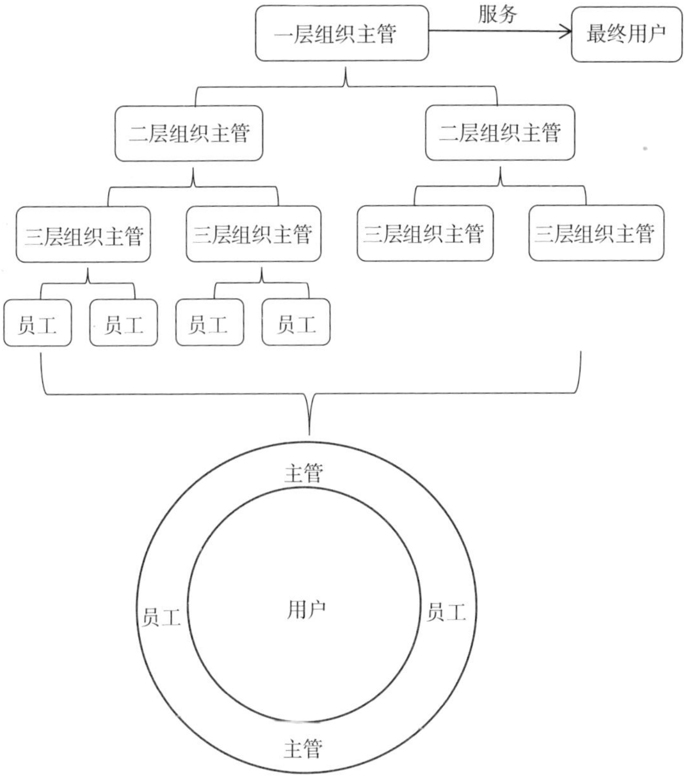

图 3-1 从“以领导为中心”的组织设计转向“以用户为中心”的组织设计示意图

户在上、服务用户的部门在上、领导在下。整个组织围绕着用户展开，领导和管理者同样也是用户的服务者。

管理学大师吉姆·柯林斯说：“一个企业真正的伟大，不是某个人的伟大，不是某个产品的伟大，而是组织的伟大。”我要在后面再加上一句：一个组织的伟大，是持续为用户创造价值。

屁股对着用户，供什么财神都无用

组织的第一本质是以用户为中心，企业经营者要组建以用户为中心的组织。那么，我们再回到企业的真实场景中，看看那些不是以用户为中心的组织是什么样子，会给企业带来什么样的后果。

以自我为中心是“死穴”

“以用户为中心”的一个反面是“以自我为中心”。以自我为中心的组织以企业内部为中心，具体包括以企业经营者为中心、以上级为中心、以部门为中心等。以自我为中心的组织最常见的表现是“脑袋对着自己，屁股对着用户”，这样的组织大多会出现三类问题。

“部门墙”

“部门墙”大多出现在金字塔结构、职能型结构的组织里。

这样的组织部门林立，领导众多。每个部门都有一位部门经理，采用的是经理负责制。处在一线的员工在接收到用户的需求之后，自己并没有拍板的权力，而是需要向部门经理汇报，部门经理再根据需求的内容进行工作安排。当用户的需求涉及两个不同的部门时，工作流程会更加烦琐，员工要汇报给部门经理，部门经理之间还要进行沟通协商。这样一来，部门各自为政，工作效率很难提高，同时还容易产生部门、员工之间互相“踢皮球”的现象。

举例，当企业销售业绩不佳的时候，销售部认为是产品设计部没有把产品做好，所以产品卖不出去；产品设计部认为是策划部没有把产品的卖点很好地提炼出来；策划部又觉得是售后服务没做好……“扯皮”永无止境。

在金字塔结构、职能型结构的组织中，工作的路径如图 3-2 所示，等级森严，部门与部门之间存在壁垒，也就是“部门墙”。组织看似是在同一个整体之中，其实在组织内部“墙”无处不在，制约了组织良性健康地发展。

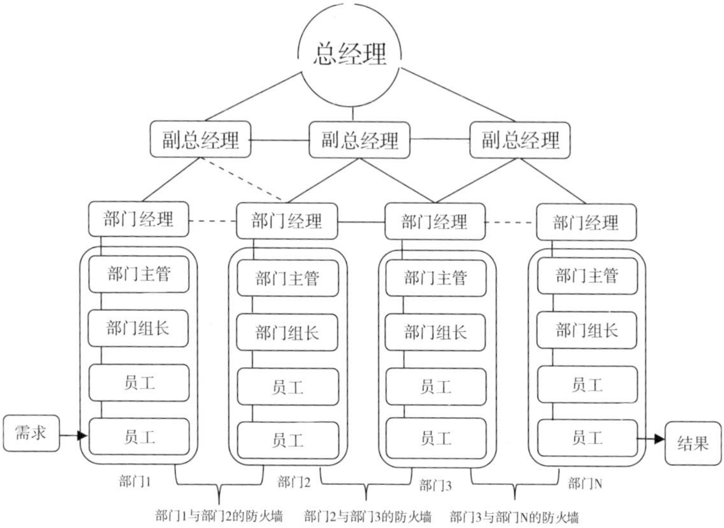

图 3-2　金字塔结构、职能型结构的组织容易形成“部门墙”

企业里一旦有了“墙”，大家就看不到用户了。“部门墙”下面有“岗位墙”“团队墙”，上面有“高管墙”“股东墙”。因为“墙”的存在，组织内部沟通不顺畅，进而导致效率低下、内耗严重、难以协作，“重复造轮子”的事情常常发生，最终企业有限的资源被无情地浪费；组织内各自为政，山头林立，对外部变化反应缓慢，就像一盘散沙；组织里的成员大多以自我为中心，眼睛紧盯着自己的上级、自己的部门，只做对本部门有利的事，不知道“用户”为何物。

有一则寓言故事，讲的是一只天鹅、一只虾和一条梭子鱼共同拉一辆车，天鹅往天上飞，虾往后拖，梭子鱼往池塘的方向使劲儿，最后的结果可想而知，大家使了半天劲儿，车却一动不动。在企业里，如果各个部门各自为政，没有一致的目标和方向，就会像寓言故事里的这辆车一样，谈不上前进，更遑论发展了。

“隔热层”

以自我为中心的组织大多实施专业化分工，每个人只负责自己的一亩三分地。专业化分工对组织进行横向切割，将其分成若干部门，有销售部、研发部、生产部、人力资源部、财务部等。这样的分工导致组织产生“隔热层”，它把上级与下级、部门与部门、决策层与执行层、用户与企业都隔开了。

“隔热层”的存在，会导致“大企业病”——效率低下、内耗严重、层级繁多的出现。有的企业一次财务报销需要 8 个人甚至更多的人签字，报销费用批下来要花费长达两个月的时间。

请注意，“大企业病”并不是只有大企业才有。我观察到的现象是，越来越多的中小企业也得了“大企业病”。我曾经去过一家中小企业，这家企业有 30 多个实习生、20 多个助理和秘书。我问企业经营者：“为什么需要这么多的实习生、助理和秘书？”他回答道：“实习生是为了培养未来人才，公司的很多事务性工作就交给助理、秘书来处理。”我当时就觉得这样的企业用人太奢侈了，这样做会有多少资源被浪费？

"隔热层"对企业最大的影响是多层级造成用户信息的层层衰减，隔离了决策层与执行层，用户和市场的信息"上不去"，上级的决策"下不来"，决策层被"困死"在办公室里。

"带不动"

以自我为中心的组织大多由企业经营者充当"火车头"带动整个企业的发展。在商业经济刚起步的阶段，企业这辆"火车"的确需要"火车头"来带，在车头强劲的带领下，部门、团队和员工才能飞驰在轨道上。但是随着时代的发展，以自我为中心的组织必然会出现"火车头"带不动的问题。

企业经营者再怎么强大，毕竟也是凡人，知识、能力、资源都有限，犹如一个内存有限的 CPU（中央处理器），不可能无限地运行各种程序。因此，在以自我为中心的组织里，企业经营者的能力边界就是企业的规模边界；企业经营者的能力到头了，企业的发展也就到头了。

当然，不可否认的是还有另一种可能——企业经营者是超级领导，或者称其为"超级火车头"更为贴切，比如任正非、张瑞敏等。但越是这样的领导，越能清楚地看到自己的能力边界，从而早早地改革组织，使组织摆脱以自我为中心的轨道，走向以用户为中心的正轨。

不管是“部门墙”“隔热层”，还是“带不动”，它们给企业带来的最严重的后果是，组织效率低下，资源被严重浪费，组织成员“脸向着老板、上级、部门，屁股对着用户”，这是以自我为中心的组织的“死穴”。胖东来创始人于东来曾说：“屁股对着用户，供什么财神都无用。”时代在发展，颠覆以自我为中心的组织势在必行。砌筑的“部门墙”该拆，累积的“隔热层”该破，带不动的“火车头”该换！

综上所述，企业经营者要舍掉以自我为中心的组织，包括以老板为中心、以上级为中心、以部门为中心的组织等。以自我为中心的组织会给企业带来“部门墙”“隔热层”“带不动”等问题，使组织效率低下，资源被严重浪费，组织成员“脸向着老板、上级、部门，屁股对着用户”。企业所有的支出都是成本，唯一的收入来自用户。企业只有成就用户，提升用户价值，让用户愿意买单，才能有利润、有未来。有了用户的成功，才有企业的发展。成就用户是“因”，企业发展是“果”。

以技术为中心是“自嗨”

“以用户为中心”的另一个反面是以技术为中心（技术型组织）或以产品为中心（产品型组织）。与以自我为中心的组织不一样，技术型组织和产品型组织嘴里喊的一直是“以用户为中心”，只是在做技术和产品时，不深入研究用户需求，不深入挖掘、探究用户的痛点，忽视用户价值，没有让用户省心、省事、省时、省力、省人、省钱。这类组织往往对自己的技术或产品很自信，处于一种“自嗨”状态，我把这类组织统称为“自嗨型组织”。

“自嗨型组织”的架构大多与产品、技术有关，如图 3–3 所示。这类组织以科技、互联网企业居多。

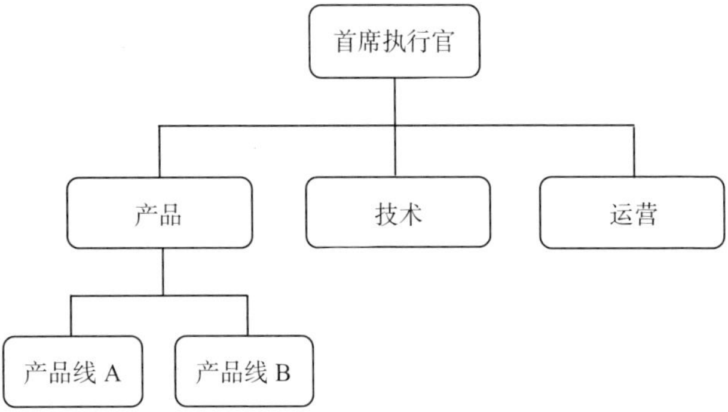

图 3–3 “自嗨型组织”架构

“自嗨型组织”里有三种典型场景。

闭门造车

在这一场景中，技术人员和研发人员忽视用户价值，没有对行业和用户需求做深刻洞察，只是在技术或产品上“死磕”。他们选择闭门造车，却不曾思考：这个技术或产品到底要替用户解决什么问题，这个技术或产品是否对用户有价值，真可谓埋头一顿操作猛如虎，结果企业到了市场亏得只剩两块五。

如果企业为技术或产品所做的努力不在用户需要的正确方向上，不是真正以用户为中心，那么花的力气越大，企业的成本和资源就浪费得越多，企业“死”得越快。

大炮打蚊子

有句歇后语叫大炮打蚊子——不够本儿。现实中，真有做这样的“傻事”的人吗？

还真有！大名鼎鼎的小米就曾犯过这样的错误。小米手机主打性价比，为了给用户带来极致的体验，企业不仅对手机上的螺丝钉要用最好的，还要在每个螺丝钉上铣上小米的标识。什么样的螺丝钉是最好的？小米的供应商自信地说：“我们的螺丝钉苹果都用不起。”这样的螺丝钉好是好，但价格比同类型产品贵了5倍。

雷军接手手机部以后，要换掉螺丝钉的供应商。他的同事不解，问他：苹果对产品的要求是在看不见的地方也要做得好，我们用这样的螺丝钉不就是在看不见的地方使劲儿吗？

雷军是这样回答他的：苹果把电路板做得特别工整，虽然用户看不见电路板，但这样做保持了整体设计的完整性，对用户而言是有价值的；而我们把成本花在螺丝钉上，还要在螺丝钉上铣上小米的标识，这对用户来说有一丁点儿价值吗？

企业花大成本、使用牛技术做出来的产品，对用户来说价值不大或没有必要，这就是"大炮打蚊子"。当企业只埋头研发技术、做产品，不抬头看用户的时候，这些动作就是一种没有用的"炫技"和不值钱的"自我感动"。多年前，有个企业在性能一般的手机上镶嵌宝石，想打造"极致奢华"的卖点，但买单者寥寥。因为用户买手机主要是为了满足通话、上网等需求，不是为了买颗宝石"炫富"，如果连用户最基础的需求都满足不了，那么最后只能草草收场。

忽视用户的需求，拿着自己的技术和产品强行"投喂"用户，最后的结果往往是"赔了夫人又折兵"。用户不傻，他们会用脚投票。

鸡同鸭讲

忽略用户价值，以技术或产品为中心的组织还会出现"鸡同鸭讲”的问题。如果用户跟企业谈业务场景、痛点，而企业只懂技术，不懂用户的行业、场景和痛点，那么企业的技术或产品再好，也很难为用户创造价值。

最典型的就是一些生产电视机的企业把智能电视机做得太复杂，不仅老年用户不会操作，就连年轻人也直呼“搞不懂”。这就是“鸡同鸭讲”，用户只是想要一台操作简单的电视机，生产电视机的企业却把电视机制造得复杂、难懂。用户不关心技术牛不牛，只关心使用是否方便。

“自嗨型组织”给企业带来的最严重的后果是成本和资源的浪费。企业花时间、精力、资源和资金研发的技术或产品，到了市场上用户却不买单，之前所有的投入都打了水漂。试问一下，有几家企业能经得起这样浪费？

我始终坚信，经营企业，要站在技术和商业的交叉点上。技术或产品的钉子往哪儿钉，由用户来决定。钉子再好，用户不需要，它就只是一个普通的螺丝钉，发挥不了任何作用。就像苹果率先推出的触控电容屏技术，“钉”在了用户对新技术的渴求上，便一炮而红；但索尼引以为傲的迷你音碟机（MD Player），“钉”在了用户“不求最好但求方便”的需求上，其工艺再好、音质再棒，对追求方便和便宜的用户来说都是“鸡同鸭讲”，因而最终被踢出局。

综上所述，企业经营者要舍掉以技术或产品为中心的“自嗨型组织”。忽略用户需求与价值的技术或产品，就会出现闭门造车、“大炮打蚊子”“鸡同鸭讲”的问题。企业的成本和资源浪费得越多，企业“死”得越快。企业经营者一定要牢记：一切技术创新和产品创新，都应该建立在成就用户的基础上。

同时，企业经营者还要舍掉盲目地追逐规模和速度。企业的规模越大，人越多，管理成本就越高，成就用户的资源就会越分散，最后的结果是既不能成就用户，又导致组织机构臃肿、人浮于事、效率低下、管理失控。企业进行盲目扩张，无异于“拔苗助长”，只会把企业做死，导致企业短命。所以，盲目扩张＝自我毁灭。

企业经营者要舍掉管理层级多的组织。中小企业的组织层级通常不要超过 3 层，即使像华为、腾讯这样的大企业，组织层级最多也只有 4~5 层。组织管理层级过多，就会出现效率低下的问题。这样的组织背离了成就用户型组织的初衷。

企业经营者要舍掉冗员组织。这里所说的“冗员”，主要是指不能以用户价值量化和评价的岗位，比如过多的助理岗、秘书岗等。我见过最离谱的是在一家中小企业里，每个部门都配有一名助理和一名秘书。这两个岗位的工作内容大致相同，都是整天围着领导转。要知道，即使是华为、腾讯这样的大企业，领导身边也是没有秘书的。我每天的工作非常忙碌，既要备课、讲课，又要经营企业，我没有秘书，也没有助理和司机。从成就用户型组织的角度看，冗员繁多，不仅会白白消耗企业有限的资源和成本，还会让企业因为岗位价值不能被用户评价或量化，而偏离以用户为中心的初衷，出现“不拉马的士兵”。

企业经营者要舍掉组织中冗余、烦琐的流程。流程越冗余、烦琐，企业为用户创造价值的效率就越低。企业要以用户为中心，舍掉重复、冗余、烦琐的流程节点，尽可能地压缩商业流通领域的中间环节，让每个节点的工作标准化，提升用户的满意度。如果用流程的视角看待组织的管理体系，流程导向的组织是以终为始，终点是用户，起点是用户。流程是为成就用户而存在的，不创造用户价值的流程是要舍掉的。

组织的取舍漏斗如图 3-4 所示。

企业正在做的每一件事，用户都看得到。现在，请你认真思考：你的组织是以什么为中心？是真的成就用户型组织吗？只有找准病症，才能对症下药。

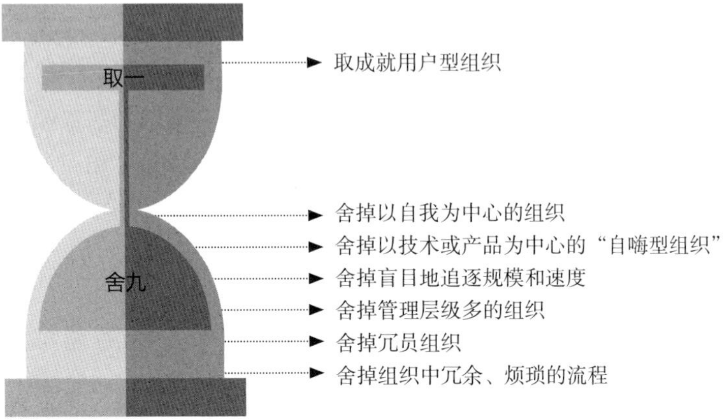
取一
舍九
取成就用户型组织
舍掉以自我为中心的组织
舍掉以技术或产品为中心的“自嗨型组织”
舍掉盲目地追逐规模和速度
舍掉管理层级多的组织
舍掉冗员组织
舍掉组织中冗余、烦琐的流程

图 3-4　组织的取舍漏斗

同心圆组织，持续帮助用户成功

通过前面的阐释分析，我们找到了组织的第一本质——“成就用户”，也坚定地舍掉了非成就用户型组织的一切动作和流程。那么关键问题来了，如果我们想颠覆企业现在的非成就用户型组织，打造一个以用户为中心的组织，该如何行动？

打造以用户为中心的组织是一个系统工程，需要搭建一个以用户为中心的组织架构——同心圆组织，绘制一幅以用户为中心的“排兵布阵图”。很多企业经营者对组织架构的认知存在很大误解，认为组织架构只对企业内部有影响。实际上，企业内部的组织架构对于能否成就用户、创造用户价值是至关重要的。组织架构决定了组织成员如何分工以及组织中权力如何分配，这是组织能否实现成就用户、高效动作的关键。

什么是同心圆组织架构？

要理解同心圆组织架构，首先要知道什么是同心圆。从数学定义上来解释，同心圆指的是同一平面上同一圆心而半径不同的圆。

同心圆组织架构是指把组织中面向用户的业务部门画成“小圆”，若干部门是围绕着小圆的“大圆”，企业各种利益形成的脉络则是连接大圆和小圆的线，圆的中心是用户，如图 3-5 所示。

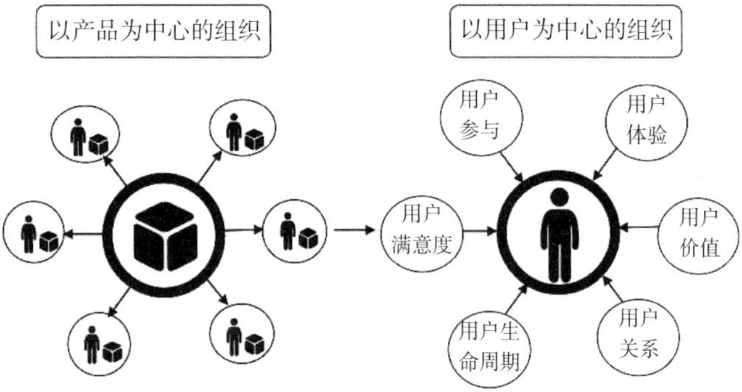

图 3-5 同心圆组织架构

同心圆组织架构犹如足球队阵型，分为前场、中场和后场。前场聚焦满足用户需求；中场聚焦业务能力的建设，支持前场业务需要；后场聚焦组织的长远、可持续发展。同心圆组织架构可以让组织去领导化、去部门、去科层、去审批、自组织、自驱动，打破部门壁垒，让组织全员贴近用户及其需求，致力于更敏捷、更迅速、更高效、更高质地为用户创造价值。

同心圆组织架构的最大特色是“轻、薄、智、快”。“轻”意味着组织灵活化；“薄”意味着组织扁平化；“智”意味着组织数字化；“快”意味着组织快反（快速反应）化。

轻：轻团队、轻资产、轻办公

同心圆组织架构的第一大特点是“轻”，“轻”就是组织灵活化。

传统的组织架构设计最大的特点是僵化、笨重、不够灵活。在传统的组织管理中，管理层是发号施令的，员工没有决策权。当面对用户的需求时，员工一般扮演的是中间传话人的角色，需要先向上级汇报，上级如果没有权限，还需要向更高的管理层请示，层层请示审批下来，此时用户可能等得“花儿都谢了”。

我们之前服务过的一家企业曾经因为组织管理不够灵活，失去了用户、失去了订单。这笔订单金额高达 2 000 万美元，整个销售团队跟了 3 个月，就在马上要签单的时候，用户提出来要看一下生产线的质量监控工作。在用户提出需求后，大客户经理很为难，因为这不在他的工作权限内，于是他只能向销售总监汇报。销售总监也做不了主，他又去找生产总监协商，但生产总监给出了否定的答案，因为参观生产线违反了生产数据保密条款。销售总监最后只能向首席运营官汇报，希望能得到特批。首席运营官权衡之后，特批了这个请求。

一圈审批下来，已经是两天以后了。当大客户经理把这个消息告诉用户时，用户表示不需要了，因为在这两天的时间里，他已经参观了另外一家企业的生产基地，考察之后对他们的生产线非常满意，已经达成了合作关系。

用户往往有多个选择，哪家企业响应得快、服务得好，他就会选择哪家。僵化的组织管理模式尾大不掉，伤了用户，伤了员工，伤了企业。

在同心圆组织架构设计下，组织管理不依赖上传下达，层层指令，而是依赖用户的变化来快速响应。员工角色从“接受指令”变为“主动、创新、承担责任和发自内心的热情”，这才是快速满足用户需求的唯一秘诀。

在同心圆组织架构设计下，传统组织中的最小工作单位——个人将被团队取代；团队力将成为竞争力的缩影，跨部门团队力将成为同心圆组织的核心组织能力。组织中所有的团队、资源将会自由调集和流动，包括沟通、合作、创新灵感等，只为服务一个中心——快速地为用户提供他所需要的解决方案。

在提升组织效率方面，亚马逊提出了著名的“两个比萨团队（Two-Pizza Team）”工作方法。通过将团队的规模控制在10人左右，也就是两个比萨能让大家吃饱的人数，团队变得灵活小巧，能快速响应用户的需求，降低组织运行成本。

在亚马逊，“两个比萨团队”由基层技术员工组成，他们被视为独立作战单元，只要用户提出要求，他们立刻可以着手革新技术，不需要层层上报。因为拥有自主权，所以团队里的每一个人都知道为谁而战。也正是这成百上千个“两个比萨团队”的存在，使亚马逊始终保持蓬勃的战斗力和旺盛的生命力，在激烈的商业竞争中始终立于不败之地。

之前提到的海尔“人单合一”模式，与亚马逊的“两个比萨团队”在底层逻辑上都是一脉相承的，那就是让组织摆脱笨重的桎梏，变得“小而轻”，从而更迅速、更精准地响应用户需求，最大限度地创造价值。

如何保障同心圆组织的“轻”呢？我有三个建议。

轻团队

轻团队是指团队要小、精悍，不要眉毛胡子一把抓，要专注于核心业务的战略大单品（在后面内容中会详细分享），非核心业务可以选择外包，通过“瘦身”达到“健体”的效果。在不确定性时代，去规模化的敏捷小团队将成为制胜关键，快速打赢每一场小型战役，再投入下一场战斗。

轻资产

轻资产是指减少固定资产。如果行业和企业性质允许，企业就要轻资产运营，能租就不要买，能省就不要花，不在固定资产和存货上投入大量的资金，而是用有限的资产、资源来获取最大的收益。

轻办公

近几年，轻办公模式越来越受推崇，员工通过远程办公、共享办公，摆脱了办公空间的限制。大家能够更加灵活、自由地安排时间，这也降低了企业经营的成本。

在轻团队、轻资产、轻办公的模式下，企业更专注、更灵活、更高效。

薄：去中介化、去边界化、去戒律化、去权威化

同心圆组织架构的第二大特点是“薄”，“薄”就是组织扁平化。

要让组织“薄”，在设计同心圆组织架构时，企业就要精简机构，舍掉五类人——“搭便车”的人、懒人、庸人、占着位子不作为的人、不创造用户价值的人。

同心圆组织要变得更薄，以便满足用户需求，贴近市场要求，提高反应速度。企业经营者在设计组织架构时，要做到“四个去”，即去中介化、去边界化、去戒律化、去权威化。

去中介化

去中介化就是缩减、优化中间环节，使企业运行更高效。在企业日常运行中，中介化主要存在于生产者和用户、管理者和被管理者之间。

在以往的模式中，产品的生产者往往不会和用户直接接触，而是通过销售方与用户进行对话，用户对产品的反馈难以直接到达生产者。现在，互联网简化了中间环节，“没有中间商赚取差价”，企业可以直接让利于用户，而用户的需求也可以第一时间

反馈给企业，这样缩短了流程，实现了双赢。

在企业内部，管理者和被管理者之间去中介化，可以减少上传下达的频次，使沟通更加顺畅、自由，目标更容易达成一致，力出一孔。

现在，很多大企业的组织架构越来越扁平化，企业通过项目制、事业部制等形式来开展业务。阿里巴巴认为企业将会消失，未来只有平台；百度认为未来的组织是由价值观和兴趣一致的人组成的“圈子”。不管是哪一种形式，组织去中介化都是大势所趋，只有将组织化整为零，才能充分发挥组织的战斗力，才能敏锐地捕捉到市场的变化，迅速地响应用户的需求，使组织更具生命力。

去边界化

现在人们经常提及“跨界”这个词。对企业来说，只有打破边界、跨越边界，才能融入共生共荣的产业生态中，提高竞争力和抵御风险的能力。通用电气前董事长杰克·韦尔奇曾说，组织要想取得成功就必须变得“无边界”。

要想做到无边界，就要“对垂直边界、横向边界、内外部边界和全球化（时空边界）进行重构”。去边界化的重点在融合，达到“你中有我，我中有你”的程度，与外界在投资、业务、产品等方面产生连接与转换，从而降低交易成本；对内要打破“部门墙”“隔热层”，使员工可以跨部门、跨团队、跨职能地快速、高效、协同工作。

去戒律化

这里的戒律指的是约束员工发挥主观能动性的规则。企业发展需要规则的约束，但如果条条框框太多，就会影响员工的自主性和创新性，不能充分激发员工潜能，同时也是对人性的一种压制。

去戒律化就是企业经营者不再挖空心思想着怎么管员工，而是充分解放人性，解放人才，解放生产力，摒弃标准化的流程和动作，更多地以用户的需求为出发点，创新流程，提高效率。

怎么去戒律化呢？首先，企业经营者要转变观念，不要将组织目标凌驾于员工目标之上，而要为员工提供支持，在帮助员工实现目标的同时实现组织目标；其次，企业经营者要抓大放小，不要事无巨细地告诉员工什么该做什么不该做，而要告诉员工组织的使命和愿景，上下达成一致，使员工从“要我干”变成“我要干”，只要与使命和愿景相一致，就放手让员工去干。

去权威化

“人人都是首席执行官”就是去权威化最好的体现。很多员工在工作中产生懈怠情绪主要是基于“自己是在给别人打工”的认知。去权威化就是消除组织内的“官本位”思想和官僚主义作风，重新对组织内的责、权、利和资源进行配置，谁离用户近、谁的用户多，谁的权力就大、可调配的资源就多，同时也可以自主决策，进而从组织驱动走向自我驱动。

去权威化使组织内的个体彼此平等、独立，能更好地激活员工个性，激发员工潜能，从而使员工更加主动地为组织贡献更多的力量。

智：组织数字化，用数据做决策

同心圆组织架构的第三大特点是“智”,“智”是指“智慧化”。要让组织智慧化，核心工具是组织数字化。

数字化是指企业经营者从语文思维转变为数学思维，从感性转变为理性，用数据来做决策、做管理、做流程、做产品、做服务。

数字化可以让组织商业决策更精准。企业的数字化就是对企业里的各种行为进行记录与跟踪，将其转化成精确的可视化数据，让企业经营者可以精准地做出决策，让决策更科学。在企业还没有向数字化转型时，大多数企业经营者是凭感觉、靠经验做决策的，至于这个决策是对还是错，只能根据最后的结果来判断。在企业数字化转型以后，企业经营者可以根据数字化财务、数字化营销、数字化人才资源等进行精准决策，比如什么产品该做，什么产品不该做；该招什么样的人，不该招什么样的人……

数字化可以让组织管理更高效。数字化企业是通过数字化软件，实现企业的业务在线、组织在线。企业从手工模式转变为在线自动化模式，使企业的业务流程与数据流实现同步和共生，推动以用户为中心的全业务从线下走向线上，通过数字化打通线下线上，实现组织的 24 小时在线服务。数字化企业的信息化、在线化、共享化、智能化等可以提高企业的经营效率，使内部协同更加流畅，沟通更加简单高效。

如何让组织数字化？组织数字化的关键动作是组织在线化。

全员在线：员工、角色、能力在线化

全员在线，这里的在线不仅是信息共享、即时沟通这种物理意义上的在线，更多的是角色在线和能力在线。每一个员工从入职之日起就会有对应的岗位和职责，全员在线也就意味着岗位职

责不能缺位。这种在线超越了时间与空间的限制，员工不管身处何方，始终角色在线。

要实现角色在线，必须能力在线。在数字化时代，每个个体有了更多被看见的机会，要想被看见，必须在某一方面具备突出的能力。只有保持能力在线，才能始终跟上时代发展的步伐，实现个体以及组织的价值。

协同在线：业务协作，管理协同

数字化时代，尤其考验协同在线的效率。对于一个项目，从立项到安排工作任务、跟踪进度、沟通交流、分析讨论，员工不用见面，全部可以在线上完成。协同在线工作打破了时空的限制，但也增加了沟通成本。如果事先没有很好地统筹安排，协同在线的工作效率也会大打折扣。

绩效在线：功过得失线上看

在传统的绩效考核中，有些要素很难被考量，比如价值观、与同事的关系、用户认可度等。这些要素虽难以用数字来考核，但对团队和企业的发展至关重要，不应该被忽视。随着数字技术的发展，企业对绩效的考核更加具体化、人性化和可视化。

如何使绩效在线呢？世界上最大的对冲基金桥水基金内部使用了一款名叫“棒球卡”的在线软件以评价员工。员工之间可以互相贴标签，最后这些标签会被汇总起来，然后生成员工的“数字形象”。这款软件使绩效评价更加民主、随机、即时。上级也可以通过绩效在线的评价手段，及时对下属某一阶段的工作成绩给出评价。而来自用户的评价更加开放和客观，也能倒逼企业优化产品、改进服务。

关于组织数字化的具体内容，也可以阅读我的另一本书《数字化飞轮》，这里不再做过多的分享。

快：将业务单元化，裂变敏捷团队

同心圆组织架构的第四大特点是“快”。“快”是指组织快反化，考验的是组织的快速反应能力。

让组织快反化的核心是将业务单元化，裂变敏捷团队。随着企业经营环境越来越复杂，企业面对的业务场景和获客的渠道越来越多元，传统的科层制很难快速、高效、敏捷地响应市场需求，这就要求企业以不同的业务场景为核心，对主要的业务功能进行闭环，裂变成多个跨职能的敏捷团队，更加精准、专业、快速地满足市场需求。

美军作战时一般采用铁三角模式：由情报专家将前方情况反馈给后方的火力弹药专家，火力弹药专家经过分析研判，制订专业的作战方案并交给战斗专家，战斗专家根据作战方案授权一线部队发动进攻。这种铁三角模式就是为了实现快速决策。这种思路不仅适用于战争，同样适用于商业。

华为就借鉴了美军的铁三角模式，提出由客户经理、产品经理和交付经理三条线共同服务一个客户。客户经理相当于情报专家，负责报价、维护客户、疏通关系等，还要将客户的需求、痛点、建议等信息反馈给产品经理；产品经理相当于火力弹药专家，根据前方反馈的信息，在产品的功能、性能、匹配度上不断优化改进，以满足客户的需求；交付产品后，由交付经理负责后期维护，提升客户的满意度。铁三角各司其职，但目标相同，利益一致，通过前后方的协调配合，火力可以直达核心。

无论企业处于什么阶段，企业经营者都需要建立基本的认知：不管环境如何变化，不管企业的组织形态如何改变，其基因内核是不会变的，即组织的第一本质是不变的，那就是以用户为中心，编织成就用户型组织。

读书笔记

阅读时间

启迪摘抄

阅读思考 / 企业经营实践

第 4 章

产品的取一舍九

聚焦品质第一

产品的第一本质是

聚焦战略大单品的品质第一。

产品做一个打不过，

做一堆还是打不过。

因为品质离去的用户，

永远不会回来。

钻井：一米宽，万米深

当企业经营者在战略上选择了世界级第一的标准，接下来第一步是把战略落地到价值创造，通过创新做绝对差异化，进而避免价格战，打造企业的核心竞争力；第二步是编织成就用户型组织，以用户为中心，帮助用户成功；第三步是把战略、价值创造落地到产品上，对产品取一舍九，找到产品的第一本质。

如果用大树来比喻企业，那么战略是大树生长所需的土壤，价值创造是树干，组织是大树的施肥者，产品是树上结出来的果实。有了肥沃的土壤、强壮的树干和用心的施肥者，大树才能结出硕果。企业的战略和价值创造，都要体现在产品上。产品犹如一面镜子，从中能看到企业的战略和独一无二的价值创造。所以，一个好产品必然上接战略、价值创造、组织，下接用户。

什么是产品？

将“产品”一词拆开来理解的话,“产”可以理解为生产、产值;“品”可以理解为品质、标准。那么,“产”和“品”哪个更重要?

认为“产”更重要的企业经营者，注重产品数量，希望通过多而全的产品满足用户更多的需求，从而使企业得到更好的发展；认为“品”更重要的企业经营者，注重产品的品质，希望通过少而精的产品，提升用户价值，使企业得到更好的发展。

这就是企业经营者做产品的两种思维方式：是选择“挖沟”，还是“钻井”。

我是一个坚定的“钻井者”，我要旗帜鲜明地告诉大家：企业（尤其是中小企业）要选择“钻井”。选择“钻井”，意味着“品”比“产”更重要，品质是产品的第一本质。

“钻井”大多用于勘探水或石油、天然气等资源开发工程，为了开发出更多的水或石油，工程师在钻井时，一定会把井钻得又窄又深。把“钻井”思维应用到做产品上，指的是企业在做产品时，要实施产品专业化策略，聚集企业所有的资源，在产品的品质上做深、做透，做到“一米宽，万米深”，做到10倍的好，做到行业第一。

如果把企业做产品的过程看作钻井，我们来看看“钻”到不同的深度，会给企业带来什么样的竞争优势。

向下钻 0.1 米，是蚯蚓栖息的深度；

向下钻 1 米，是鼹鼠居住的深度；

向下钻 4 米，是白蚁洞穴的深度；

向下钻 10 米，是越南地下长城的深度；

向下钻 105 米，是世界上最深的地铁站——阿森纳崛起广场站的深度；

向下钻 1 637 米，是世界第一深湖——贝加尔湖的最深处；

向下钻 11 034 米，是马里亚纳海沟的最深处；

向下钻 12 263 米，是苏联科拉超深钻井钻到的最深处；

向下钻 12 376 米，是 Z-44 油井的深度；

向下钻 15 000 米，是埃克森美孚“世界之最”钻井的深度。

通过以上数据，你体悟到“一米宽，万米深”的力量了吗？

从市场竞争的角度来看，如果我们在产品上只向下钻 0.1 米，我们就是“蚯蚓”，随时会被“踩死”；如果我们在产品上向下钻 11 034 米，我们就是“马里亚纳海沟”，能打败无数“江河湖泊”；如果我们向下钻 15 000 米，我们就是“世界之最”，无人能及，所向披靡。

一米宽：战略大单品

“一米宽”＝战略大单品

如何理解“一米宽”？

“一米宽”是指企业在做产品时，要做极致减法，要从诸多产品中取一个能够匹配战略、能做出绝对差异化的产品，集中企业所有资源和精力，专攻一个产品，把一个产品做专、做深、做精，成为该行业或该领域的领先企业。

比如，苹果、微软、可口可乐、华为、茅台等企业在做产品时采用的都是“钻井”策略。苹果聚焦电子消费品领域；微软聚焦软硬件信息技术服务；可口可乐聚焦碳酸饮料；华为聚焦设备供应商，为了不偏离主业，还将“永远不进入信息服务业”写入《华为基本法》；茅台几十年如一日地聚焦在一款酒上，心无旁骛地向下“钻”了万米深，“钻”出了如今市值过万亿的贵州茅台……

“武术宗师”李小龙说过一句话，深深地刻进了我的脑海里：“我不怕练了一万种腿法的人，我怕的是同一种腿法练了一万次的人。”在荧屏上，我们看到李小龙出拳踢腿，刚劲有力，动作行云流水，气势威震山河。台上一分钟，台下十年功。李小龙从周一到周日，几乎每天都做着同样的事情：500 次出拳、500 次标指、500 次踢击；晚上还要进行负重训练。他能站在世界功夫之巅，靠的是日复一日的积累。

同样的逻辑，企业要想使自己不可替代，必须专注一个招式（产品），聚焦一个招式（产品），才能战胜对手，赢得市场。这才是顶尖高手的一招制胜方法论。少做一点儿产品，把一个产品做到 10 倍的好就是最好的策略。如果我们现在有 10 个产品，那么我们要砍掉 9 个产品，把有限的资源用到一个产品上，这才叫“一米宽”，才能“一根针捅破天”。

任何一家企业（尤其是中小企业）的资源都是有限的，而竞争是无限的。企业效率最高、成本最低的做法就是将所有的资源、精兵强将都聚焦在最有价值的一个产品上，饱和攻击，先将这一个产品做到极致，拿到金牌，“力出一孔”才能“利出一孔”。

就像我们去登山，有很多条路可以到达山顶，但是如果我们每一条岔路都走一遍，那么我们体力消耗殆尽也可能登不上山顶。认准一条路，一条道走到黑，是登山的捷径，也是做企业的捷径。

那么关键问题出现了：如何找到“一米宽”的井口？换句话说，我们知道要把一个产品做到“万米深”，但我们不知道要选择哪一个产品。这时，我们还要接着往下找“一”。

品质是产品不变的第一本质。我们再逼问一下自己：哪一个产品的品质才是第一本质？

答案是战略大单品。企业要把“一米宽”的井口开在战略大单品上。但凡成功的企业，都有一个战略大单品。

康师傅每年销售额的 40% 来自战略大单品红烧牛肉面。

植物饮品头部品牌养元饮品在聚焦六个核桃之前，试水了碳酸类、果汁类、含乳类等多达 15 个品类，但一直不温不火。2005 年起，养元饮品调整战略，主打六个核桃这个战略大单品，之后业绩一路飙升，2021 年实现营业收入 69 亿元，而核桃乳贡献营收 67 亿元，占总营收的 97%。

2021 年，蒙牛实现营收 881.415 亿元，而作为蒙牛业绩“压舱石”的特仑苏贡献了 300 亿元的销售额，是名副其实的战略大单品……

什么是战略大单品？

把战略大单品这几个字拆开来理解，如图 4-1 所示。

战略 具备战略价值	大 资源之大；力量之大
单 一个产品	品 品质 10 倍的好

图 4-1　战略大单品的定义

战略大单品，是相对于常规的战术性产品而言的。那么战略大单品的战略价值体现在哪里呢？

战略大单品的打造，不是为了企业战术性目的，而是为了企业战略性经营目的。它是为了使企业成为第一，成为品牌的代表者。因此，战略大单品不能用我们常规所讲的“明星产品”“拳头产品”“尖刀产品”“核心产品”等概念来概括。它的价值要远超这些产品。

所谓“大”，是指企业将所有资源都聚焦在一个产品上，是资源之大、力量之大。所谓“单”，是指产品数量只有一个，由此，战略大单品被赋予了尖刀突破的功能。匕首、锥子、针的力量来自它的尖头，当更大的压强集中到更小的受力面积时，器具产生的力量最大。所以，市场僵局的突破，主要在于战略大单品的突破。所谓“品”，是指企业要把战略大单品的品质做到 10 倍的好。

“四眼看天下”，找到战略大单品

知道了战略大单品的品质是产品的第一本质之后，新的问题又出现了：企业要如何找到自己的战略大单品？我分享一个关键工具——“四眼看天下”，如图 4-2 所示。

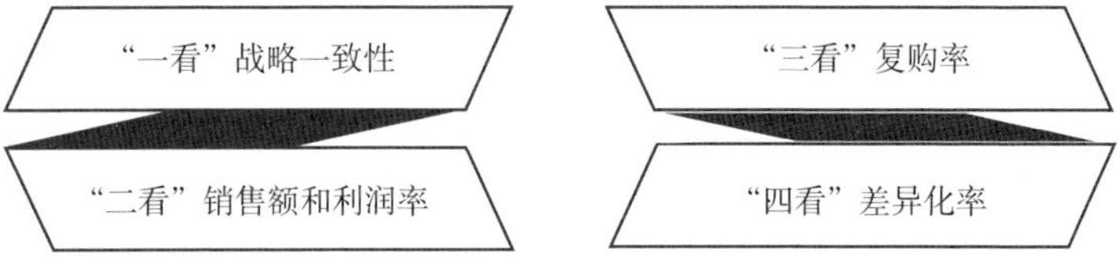

图 4-2 “四眼看天下”工具

企业经营者在使用“四眼看天下”这一工具之前，要先做一个动作：盘点企业所有的产品。这样做的目的有二：一是通过“四眼看天下”对所有的产品进行盘点；二是对产品进行数据分析。

“一看”战略一致性

既然是战略大单品，那么我们首先要看产品是否与战略一致。作为企业战略、价值创造的落脚点，如果产品与企业战略、价值背道而驰，其后果可想而知——一个与企业战略、价值不一致的产品将给企业带来巨大内耗，即使这个产品本身的方向是对的，也掩盖不了产品在战略执行上的失败。

在战略上，我们选择了第一标准，那么相对应地，我们选择的这个产品也要具备第一的基因。我们可以通过以下两个问题来判断一个产品是否与战略、价值一致，展开关于企业战略和产品的坦诚对话。

问题一：产品能否有效地支持企业实现战略？

问题二：产品能否达到第一的标准？

我们可以根据以上两个问题对产品与战略的一致性进行打分，得分最高的产品就是与战略最匹配的产品，可取；反之，要舍，舍掉与战略不匹配的产品，舍掉不能成为第一的产品。

“二看”销售额和利润率

企业经营者在找“井口”时，首先要用两个关键指标——产品的销售额和利润率，对每一个产品进行数据分析。销售额是指产品一共卖了多少钱，代表企业销售规模；利润率是指产品卖出并扣除成本后总共赢利多少，代表企业核心竞争力。

企业经营者可以依照销售额和利润率，从高到低对企业所有产品进行排序，销售额和利润率都居于前列的产品就是具有战略大单品基因的产品，可取；反之，要舍，舍掉无利润的产品，舍掉卖不出去的产品。

“三看”复购率

复购率是指用户对某一产品的重复购买次数。产品的复购率越高，说明用户对该产品的认可度和忠诚度越高，反之越低。复购率越高的产品，越有可能成为战略大单品。

复购率的计算公式如下：

复购率 =（重复购买用户数量 ÷ 用户样本数量）× 100%

举个例子，用户样本 100 人，其中 50 人重复购买（不用考虑重复购买了几次），复购率 =（50/100）× 100%，即 50%。

与上面一样，从高到低对企业所有产品进行排序，只取复购率最高的产品；反之，要舍，舍掉复购率不高或无复购率的产品。

“四看”差异化率

“三看”后，企业经营者要对排在前五的产品做绝对差异化分析。同一款产品，如果竞争对手做得更好，那么说明我们的产品不太可能成为用户的第一选择，不是“井口”。企业在找战略大单品时，要避开竞争对手，与行业标杆错位竞争，千万不要在“关公面前耍大刀”。

如何对产品进行差异化分析？核心工具是“USP 理论”。

我们之前提到过 USP 理论，是指独特的销售主张，它是罗瑟·里夫斯首创的销售理念。USP 的核心是独特，也就是差异化。

差异化来自“人无我有，人有我 10 倍的好”，从产品的功能、价格、服务等方面，寻找自己产品的优势；如果找不到优势，也可以从竞争对手的弱势下手，将竞争对手的短板锻造为自己产品的长板，从而在竞争中脱颖而出。

企业经营者在做差异化分析时，只取差异化率最高的产品；反之，要舍，舍掉无差异化和差异化率不高的产品。

我们可以用表 4-1 的“战略大单品锁定单”，对通过“四眼看天下”工具分析选出的产品进行排序，排在第一名的就是企业的战略大单品。

表 4-1　战略大单品锁定单

产品名	战略一致性	销售额和利润率	复购率	差异化率	排名
A 产品					
B 产品					
C 产品					
D 产品					
……					

在我们找准“井口”，锁定战略大单品后，产品的取舍漏斗就出来了，如图 4-3 所示。

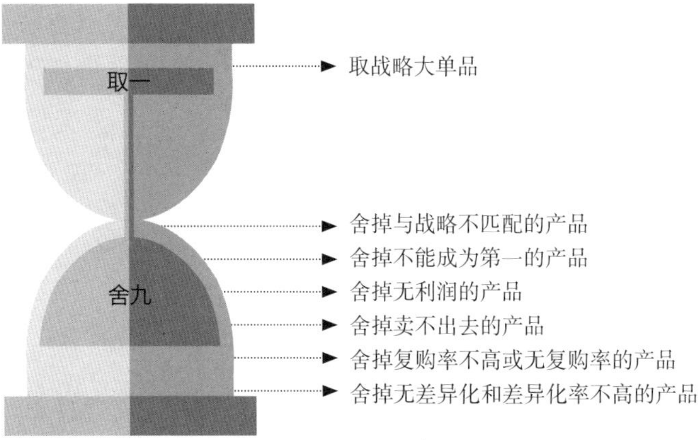

图 4-3　产品取舍漏斗

万米深：品质 10 倍的好

如何理解“万米深”？

“万米深”是指企业经营者在找到了自己企业的战略大单品后，要把企业所有资源聚焦在战略大单品上，做深、做透，把品质做到 10 倍的好。

今天的市场不缺产品，缺什么？缺的是用户选择产品的理由。面对同质化产品，用户为什么要选择我们的产品而不是其他企业的产品？这个时候，谁能得到用户的青睐，谁就能成功。

那么，如何让我们的产品成为用户的第一选择呢？

答案是把产品做到 10 倍的好。要想让产品成为用户持续的第一选择，我们就要把战略大单品做到“万米深”，做到比竞争对手好 10 倍。为什么不是把产品做到极致，而是做到 10 倍的好呢？因为“极致”体现的是做产品的精神和状态，而不是功能。具体到产品策略，极致就是“万米深”。

大家对奥康皮鞋应该不陌生。奥康是一家成立 35 年的“老牌”企业，头顶“男鞋第一股”的光环，是我国最大的民营制鞋企业之一。35 年以来，奥康只做一件事，那就是“做好一双鞋，做一双好鞋”。小小的一双鞋，就这样走出温州，走出国门，走向国际，斩获“亚洲更舒适男鞋奖”的殊荣，并与 LV、耐克等品牌一同获得有全球“鞋履界奥斯卡”之称的 FNAA（鞋履成就奖）年度大奖。

奥康成功的秘诀就是坚持在男鞋领域“钻井”。鞋好不好穿，只有脚知道。欧睿发布的《中国男士皮鞋行业白皮书》显示，舒适度是消费者选购皮鞋时考虑的首要因素。为了设计出一款更舒适的皮鞋，奥康研发了国内第一台脚型测量仪，采集了 300 万双脚型数据，获得了 166 项研发专利，制鞋工序多达 300 道……奥康的每一次尝试，都是朝着“更舒适的男士皮鞋”的产品定位持续“钻井”。

皮鞋是商务男士的必备单品，而舒适的皮鞋是商务男士的第一选择，奥康便在“更舒适”这一点上做深、做透、做精、做专，因而成了用户的第一选择。

企业经营者要以终为始地思考：经营企业的本质是为用户创造价值。商业成功的本质是先义后利：我们先要成就用户，为用户创造价值，最终才能得到利润。先义后利中的“义”来自用户价值，这个用户价值就是由企业的产品提供的，说得再具体一点儿，是由企业做到 10 倍好的产品提供的。

企业用“钻井”策略做产品，就是对产品做减法，找到企业的战略大单品，聚集所有的资源和精力，把战略大单品做深、做透，做到世界级第一。这个逻辑犹如我们一辈子只打一口井，把这口井打得足够深，就会有几辈子都用不完的水。

挖沟：千米宽，一米深

信息时代，几乎每个人都想拥有十八般武艺，于是乎我们看到诸多企业经营者学经营、学演讲、学沟通、学个人形象打造等，仿佛只有样样通，才能把企业做好。所以，当我们告诉企业经营者，做产品要选择“钻井”，聚焦战略大单品，先把品质做到第一时，有的企业经营者会反驳：“样样都做，样样都好，把鸡蛋放到多个篮子里，岂不是更保险？”

把鸡蛋放到多个篮子里是一种“挖沟”思维，它是“钻井”的反面。锣不敲不响，理不辩不明。那么，我们再来“辩”一下为什么企业经营者不能选择“挖沟”。

“挖沟”大多用于排水或播种。为了多排水或多播种，人们在挖沟时会把沟挖得宽而浅。把“挖沟”思维运用到做产品上，就是企业经营者在做产品时，选择的是以量取胜，即做加法，实施产品多元化策略。这类企业做了很多产品，但每个产品都是“千米宽，一米深”。

千米宽：一款打不过，做一堆还是打不过

我们从外部视角和内部视角来分析“挖沟”。

以“多”打天下，会让对手“以少取胜”

从市场竞争的角度来看，当企业经营者选择“挖沟”时，产品就会变得多、广、全，企业需要把有限的资源和资金投入多个产品，这不利于集中力量打造战略大单品，也很难实现产品研发技术的突破和品质功能的提升。企业虽然有很多产品，但没有一个产品能在市场上形成核心竞争力，最后的结果必然是被其他企业赶超，从而失去市场。

梦祥银是一家银制品制造企业，从一枚银戒指起家，不断发展壮大。在 30 年的时间里，这家企业成立了 10 家公司，打造了 6 个品牌（其中一个品牌被自然淘汰），研发了大量的产品，所有款式加起来超过 10 800 种。银项链、银戒指、宝宝银锁、银手镯……只要用户有需求，梦祥银就去研发、生产。本以为产品越来越多，企业越来越大，利润也会越来越多，没想到，梦祥银

开始亏损，而且越亏越多。因为产品多，随之而来的是生产线被拉长，投入资金增多，库存增多，利润都被投入和库存“蚕食”了，企业怎么可能不亏损？

梦祥银董事长李杰石此时终于醒悟：经营的本质不是做多，而是做少。一枚银戒指能发家，一堆银产品会“败家”。于是他开始大刀阔斧做减法，不再“挖沟”，砍掉了一万多条生产线，专注“钻井”，只留下了满天星纯银手镯和其他几款尖刀产品。减法的奇迹出现了，满天星纯银手镯成了“爆品”，每月销量突破 10 万件。思路改变之后，梦祥银很快就解决了产品库存高的问题，在两年内将 2.2 亿元的库存降到了 1.1 亿元，迅速扭亏为盈。

梦祥银“起死回生”的经历说明了一个事实：当企业经营者选择“挖沟”，以“多”打天下时，最终会让竞争对手“以少取胜”。如果做一个产品打不过，那么做一堆还是打不过。

因为品质离去的用户，永远不会回来

从用户需求的角度来看，当企业把有限的资源分散到多个产品上时，因为忙着“挖沟”，就忽略了“钻井”。产品越做越多，品质却越做越低，品质低的产品无法提升用户价值，最后会失去用户的信任。

“挖沟”看似费劲，其实是浅尝辄止。短期来看，“挖沟”效果显著，一条条繁忙的生产线，一款款应接不暇的产品，用户要什么，企业有什么，这种“有求必应”的感觉会让企业经营者自我感觉良好。但随着选择的增多，用户审美疲劳了，选择困难了，消费欲望降低了，企业的库存增加了，利润减少了，原来投入在拳头产品上的时间与资源也不得不进行削减，产品质量下降了，恶性循环开始了。

经营企业几十年，我发现一个规律：因为价格离去的用户，还有可能回来；因为态度离去的用户，多半不会回头；因为品质离去的用户，永远不会回来。

有一种质量叫“回头客”；有一种信誉叫“朋友介绍”；有一种信任叫“我就相信你”。品质是产品的第一本质，无论何时，企业都不能丢掉用户的信任，因为用户的信任就是产品在用户心中的价值。

多一个产品，动作就要多做一遍

从企业内部的角度来看，在同等体量下，只经营 1 个产品的企业一定比经营 100 个产品的企业更强大。因为当企业实施多元化策略，做了大量产品时，背后的成本也会增加，最后企业挖的沟越宽，成本就越高。

每一个产品，背后都有生产线、技术、营销、人员等，这些都是成本。每增加一个产品，增加的不是利润，而是成本。集中优势兵力攻打一个山头与分散火力四处出击，哪个胜算更大呢？

企业做了很多产品，每个产品都做到了“千米宽，一米深”，每个沟里都能舀到几瓢水，但挖一辈子沟，最多也只能得到一盆水。“钻井”就不一样了，虽然出水口只有一个，但可以源源不断地出水，可以解决一代人甚至几代人的喝水问题。

一米深：克制贪婪，少就是多

我们再继续思考一下：既然“挖沟”会让企业失去竞争优势，也让用户不再信任企业，还会增加企业的成本，那么为什么还是会有诸多企业经营者趋之若鹜地选择“挖沟”呢？

根本原因是人性的弱点——贪婪和恐惧在作祟。

人性中的贪婪让企业经营者什么产品都想做，什么钱都想赚。只要用户有需要，企业就会去做。于是，企业的产品线从A扩展到B、C、D、E、F、G……同时，“多、大、全”似乎成了能力强的象征、成功的象征。而“少”常常是“不足”的代名词，“小”是“弱”的别称。在这种认知下，企业经营者自然会勤奋而不知疲倦地“挖沟”。

李嘉诚曾说：“企业家所有失败都源于贪婪。”刘强东也曾经自我剖析：“业务上，一度让欲望代替了逻辑。我们被太多机会吸引，什么都想做，但能力未必支撑，甚至有时候商业逻辑还没有想清楚就迫不及待地跳了进去……我们投资了很多项目，最终发现自己并不具备‘点石成金’的能力。”

为什么企业经营者很难聚焦一个产品，即使选择了专业化的发展道路也很难坚持下去？为什么不少中小企业刚发展到一定规模就急着多元化？除了人性中的贪婪在作祟，另一个原因是企业经营者对聚焦一个产品、坚持专业化发展的恐惧。

“千万不能把鸡蛋放在一个篮子里”是很多企业经营者对专业化发展的最大误解。他们认为只做一个产品会让路越走越窄，市场也会越来越小，害怕会一条道走到黑，看不到天亮。在这样的恐惧下，企业经营者认定一条路走下去、只聚焦一个产品会失败，于是选择东方不亮西方亮，黑了南方有北方。

1992年，一家知名媒体对北京、上海、广州等十大城市的万名青年进行了一次问卷调查，其中一个问题是，“写出你最崇拜的青年人物”。第一名是比尔·盖茨，第二名是史玉柱。那时的史玉柱，可能是全中国30岁以下青年中最著名的人。

1990 年，史玉柱从深圳来到珠海，成立了巨人集团。他宣布，巨人要成为中国的国际商业机器公司，东方的巨人。第二年，巨人的汉卡销量一跃而上，位居全国同类产品之首，企业利润达到 1 000 多万元。又一年，巨人发展为一家资本金超过 1 亿元的高科技集团公司。企业每年的销量以几何级的速度增长。从 1992 年开始，巨人已赫然成为中国计算机行业的“领头羊”，史玉柱也成为中国改革开放的典范人物。

成功获得第一桶金难免会让人有些膨胀，史玉柱产生了自己就是“巨人”的错觉，制定了一个异常恢宏的“多元化发展战略”，向房地产（巨人大厦）、保健品（脑黄金）、生物制药、计算机等多个“风马牛不相及”的行业同时进军。一时间，“巨人”的肚子里除了计算机相关的软件、硬件，还塞满了保健品、化妆品等数十个行业的产品。伴随多元化发展出现的问题是，资源分散、处处告急、资金断流、应收款堆积，最后，巨人集团折戟沉沙、以破产而告终……

后来，史玉柱痛定思痛，到五台山上反省了数月后，找出了失败之源：“盲目地多元化。”之后，史玉柱将全部的资源和注意力都集中到了一个领域的一个产品上，这个产品就是后来被大家熟知的“XX 金”。

对于史玉柱的功过是非，我们不做任何评论。以史为镜，观己对错。我们要从他人的错误中吸取经验教训，警醒自己。这是一种中庸的回归，更是一种活得更长久的生存之道。

企业经营者在保持对利润的渴求时，也要保持对各种诱惑的警觉。克制贪婪，少就是多，慢就是快。要知道，资源是有限的，切口越小，压强越大，突破越有力。同时，经营企业肯定是要冒险的，因为没有什么生意笃定赚钱。而伟大的企业家，一定是风险管理大师，是“无中生有”的冒险家。

企业经营者就是一路被裹挟在各种危险和恐惧之中拼命奔跑的人。一路领先的人，最后跑到终点的人，一定克服了人性中的弱点，时刻保持头脑清醒，不断反省、校正方向，以使自己始终奔跑在赛道上。

神学家圣托马斯·阿奎那说：“贪婪是背向神的罪恶，正如所有朽坏的罪恶一样，是人为了会腐烂的东西，而放弃了永恒的东西。”

“挖沟”判断公式

虽然我极力主张企业在做产品时要选择“钻井”，但从企业经营的角度来说，凡事都有两面性，“挖沟”对企业也并非一无是处。

“挖沟”最大的优势在于帮助企业分散风险，当企业在某一专业领域衰退时，可以在另一个专业领域谋求发展。比如，美国通用电气公司、西门子、华润集团等企业采用的是“挖沟”策略。美国通用电气公司被称作一家“能生产任何物品”的企业；西门子的业务领域涵盖交通、电力、能源、医疗等行业；华润集团在中国涉足连锁超市（如华润超市）、酒饮（如雪花啤酒）以及燃气等领域，并在这些行业取得了首屈一指的地位。

不可否认的是，在商业的历史长河中，也有依靠产品多元化而成功的企业，但是对企业经营者而言，失败的教训远比成功的经验更值得吸取。因为成功很多时候是“天时、地利、人和”的结果，而失败却与天和地没有关系，更多的是人的作用。

对任何一家企业来说，如果没有把战略大单品做到10倍的好，没有做到第一，就不要选择“挖沟”。简单意义上的产品扩张，特别是协同性较差的多元化，非但不能解决企业的问题，反而对企业来说是雪上加霜。

那么，当我们把战略大单品做到10倍的好时，我们是否可以“挖沟”？

对于是否选择“挖沟”，有一个判断公式，即一个产品加上另一个产品，是否会对企业产生大于2的效果。企业经营者可以问自己三个问题：

一问：在增加产品后，企业的竞争力是否增强？

二问：增加的产品能否提升用户价值？

三问：在拓展新品类后，原有产品的业绩（现金流、营业收入、利润）是否比以前更好？

如果三个问题的答案都是“是”，那么行；如否，就止。

当企业把战略大单品做到10倍的好，做到第一时，如有必要可适当开展多元化经营，但要严格控制数量。我主张一个为主、两个为辅，总数不超过三个，再多了不一定能做好，而且也没必要。

请注意：一家企业如果经营不善、效益不佳，原因很简单，就是没有将现有产品做精，没有将主营业务做好。专注主业，把战略大单品做到10倍的好，是企业的生存之本，更是产品的第一本质。企业所有“多元化变革”的美好愿景的前提是，已经足够专注于当前的主业，已经把战略大单品做到10倍的好……

守拙者，是最具智慧的人，更是真正的勇士。

万米深，品质 10 倍的好

在锁定战略大单品后，企业就要开始“钻井”了，把井“钻”到百米深、千米深，还不够，还要继续往下“钻”，“钻”到万米深，成为“世界之最”，这样我们才能打败所有“雄鹰”，达到无人能及、所向披靡的境界。

要“钻”到万米深，企业就要把战略大单品做到品质第一。纵观整个商业史，世界上所有成功的企业都建立在产品品质的基础之上。而且，企业不是为了品质而做品质，而是要围绕用户价值做品质。

如何把战略大单品做到品质第一，做到万米深？动作是“两个聚焦”。

1 号位聚焦：重心聚焦、资源聚焦、目标聚焦；

全员聚焦：每人每天做好每件事。

1 号位聚焦：人品即产品

《孙子兵法》里有一条制敌战略——“并敌一向”，集中兵力，从一个点进攻，以雷霆万钧之势取得胜利。“并敌一向，千里杀将”，这是聚焦的气势，也是聚焦的威力。企业要把战略大单品做到万米深，品质做到 10 倍的好，也是如此。在我们通过“四眼看天下”锁定了战略大单品后，此时的战略大单品还很弱小，企业的资源有限，我们要做的事就是聚焦、聚焦、再聚焦。企业经营者要把企业所有的资源聚焦在战略大单品上，五指并拢，集中所有力量，提升战略大单品的品质。

其中最重要的就是企业 1 号位（即企业经营者）的聚焦。1 号位对战略大单品的聚焦有多重要？套用一句话：不重视战略大单品的老板不是好老板。我们知道企业 1 号位很累，似乎什么事情都是“一把手工程”。所谓能力有多大，责任就有多大，品质一定是“一把手工程”。

我们先梳理一下，为什么把战略大单品做到品质第一需要 1 号位聚焦？

第一，产品即人品，人品即产品。企业经营者是什么样的人，就会带出什么样的人，做出什么样的产品。不少企业经营者认为产品的品质来自一线，品质不达标，是因为员工没有做好。事实上，责任在“主席台”。品质上不去的根本原因是企业经营者不重视品质。有一句话说得好：“品质要提高，老板不重视，一切都是难事；老板一重视，什么都不算事。”

海尔的张瑞敏曾经砸了 76 台冰箱，三星的李健熙曾怒烧 15 万台手机。他们为什么要这样做？因为这些产品的品质出了问题。企业产品品质的好坏首先取决于经营者的品质意识。要让企业全员对品质达成共识，企业经营者首先要重视产品的品质，所有的决策都以产品的品质为基础。

第二，1 号位最懂企业战略、最懂用户价值。把品质提高 10 倍，意味着要提升 10 倍的用户价值。为用户创造什么价值？为哪些用户创造价值？怎样为用户创造价值？企业的一切经营活动都是在回答这三个问题。而要回答这三个问题，不在于哪一个部门、团队，而是超越于团队之上，回到企业创立的初衷、使命和愿景，这只有 1 号位最清楚，也只有 1 号位可以把这个意识灌输给全体员工，使其去执行。

打造战略大单品不是一件容易的事。因为一个产品在成为战略大单品之前，要经过漫长的研发、培育、成长阶段，这只“雏鹰”能否成为“鹰王”，谁也没有十足的把握。这时，最需要的是有一个人能站出来，力排众议、信心满满地宣告：它未来一定会成为“鹰王”！而这个人，只能是1号位，因为只有他能起到把握全局、统一思想、顶住压力、化解矛盾、最终决策的关键性作用。

企业1号位是战略大单品的“掌舵手”。要推动企业成功做出战略大单品，钻井万米深，1号位必须全身心地聚焦，躬身入局、建立愿景、坚持长期主义，带领企业克服重重困难，最终到达彼岸。

那么，1号位到底要怎么聚焦？

1号位的重心聚焦：1号位的心思在哪里，结果就出在哪里。

1号位的资源聚焦：1号位的时间和精力都要花在战略大单品的品质上，企业的所有资源也要聚焦在战略大单品上。

1号位的目标聚焦：聚焦目标意味着1号位要摆脱那些可以做但不是必须做的事，专注于战略大单品，此时，它就是1号位的“一”，是1号位要做的最重要的一件事。

1号位对战略大单品的聚焦，首先是认知和思维，其次才是方法。

现在，请你反思一下：

你离产品有多远？
你是否像“花痴”一样迷恋你的产品？
你是否像“疯子”一样死磕产品的细节？

全员聚焦：每人每天做好每件事

要把品质做到万米深，仅靠企业1号位聚焦还不够。从企业1号位到管理层再到员工，甚至延伸到经销商、代理商等，“上下左右”都要聚焦。

要做到全员聚焦，核心方法只有一个：每人每天做好每件事。

所有的竞争都是从最小单元开始的，钻井也是如此。每个人每天把每件事做到10倍的好，品质就提高了10倍。品质第一是一点一点干出来的。每天都有新目标，将新目标分解到每一天、每一项工作中，一小步一小步地走，才会有大的进步。

企业里每个人每天做的每件事，直接影响每天、每周、每月的品质指标。比如，人力招聘了一名不合适的员工，表面看起来这与品质没有关系。但之后这名员工的工作能力和态度不符合岗位要求，从而使产品出现了瑕疵。企业的各项工作都是环环相扣的，就像系纽扣一样，一颗系错了，衣服的整体观感都会受影响。

既然品质离不开每人每天做好每件事，那企业经营者如何确保每人每天做好每件事呢？关键策略离不开四个字——“高、细、实、恒”。

第一，“高”是指高标准。企业要制定每个岗位、每件事的工作标准。请注意，这个标准一定要高。品质来源于高标准——要求每人每天进步 1%，所有人都要持续学习、反省、改进。“钻井”背后遵循的是“复利法则”，如果我们专注于一件事情，每天进步 1%，与时间做朋友，那我们一定能成为“大师”。

以我们的课程“浓缩 EMBA”为例，从我开始讲课的那一刻起，台下教学组的老师就开始做记录。为什么要做记录？因为三天课程结束以后，教学组要根据课程记录召开品质改进会。每一期课程都会在上一期的基础上进行优化改进，我会把每一次讲课当成第一次来备课。我们希望第 401 期能比第 400 期讲得更实效。为了提高实效的标准，全员上下都要持续改进，从研发、设计、生产、流程、管理、制度到员工，每人每天都要学习、反省、改进。每天进步 1%，就能持续实现标准和品质的螺旋式上升。

第二，“细”是指分工细。企业要将所有的事层层细化并落实到每个人身上，达到“千斤重担万人挑，人人头上有指标”。

第三，“实”是指责任实。企业要对所有的事进行责任分解，强调“三个一”，即分解到每一个人、每一天、每一项工作。大到产品决策，小到一个零件的安装，都要明确责任人和监督人，而且制定详细的工作内容和考核标准，做到奖有理、罚有据。

第四，“恒”是指持之以恒。企业对品质要有一种一抓到底的韧劲。做一件事不难，难的是持之以恒地做一件事。要让“每天做好每件事”成为每个人的习惯，成为每个人的日常。

最后我想说，做企业经营者，要有情怀。情怀体现在对产品品质的坚持，对细节的不妥协，对一切丑的、难用的产品和不到位的服务细节不容忍，并且有巨大的热情和动力去改变，哪怕只好1%，也愿意多投入100%。这才是一位企业经营者应有的情怀。

“贡艺既精苦，用心必公平”，这句话与所有企业经营者共勉。

读书笔记

阅读时间

启迪摘抄

阅读思考 / 企业经营实践

第 5 章

用户的取一舍九

成就第一用户

企业经营用户的第一本质是成就第一用户

所有人都是用户，

等于没有用户。

成就用户的前提是选择第一用户。

先有用户的成功，才有企业的成功

企业要生存，要实现可持续发展，成为“雄鹰”，就必须有利润，而利润只能从用户那里来。员工要领工资，股东要收到回报，天底下唯一给企业钱的是用户。用户是企业赖以生存的根本。用户对企业的重要性我已经强调了很多次，这里不再赘述。如果时至今日，企业经营者还认为用户对企业不重要或者不那么重要，那么这样的企业要么会被用户抛弃，要么会被竞争对手打败。

知一万毕。企业经营用户的第一本质是什么？

答案是成就第一用户。事实上，我们在组织的取一舍九里已经找到答案了，企业经营者要编织成就用户型组织，那么自然而然地，成就第一用户就是企业经营用户的第一本质。成就第一用户就是成就企业。商业之道，不是用利己的方式达到利己的目的，而是用利他的方式达到利己的目的。极致地利他，就是最好的利己。

帮助用户的用户成功

对于“成就”一词，相信企业经营者都听过“成就用户”“成就员工”“成就他人”……但是我们没有深入思考过什么才是“成就”，做到什么程度才称得上“成就”。

德国军事理论家卡尔·冯·克劳塞维茨在《战争论》一书的开篇中指出：“任何理论首先必须澄清杂乱的，或者说是混淆不清的概念和观念。只有对名称和概念有了共同的理解，才能清楚而顺利地研究问题，才能与读者站在同一立足点上。”至此，我们有必要揭开“成就”的“庐山真面目”。

对于“成就”一词，从感性的角度来定义，是指一个人完成了一件事后，对自己所做的事情产生了一种愉悦感。把“成就”一词运用到商业里，它是一个动词，我们要从理性、可衡量的角度来定义它——“成就”是帮助用户的用户成功。

有人把“成就”定义为“满足用户需求”，倒也没有错。只是在实践中，我们会发现准确分析用户的需求其实并不容易。首先，用户的需求往往没有表面上看起来那么简单，用户所说的和真正需要的可能并不一致；其次，用户的需求随时会改变；最后，用户自己可能也不清楚自己的需求到底是什么。这时，我们会发现自己进入了一个“死胡同”。

要走出“满足用户需求”无法落地的“死胡同”，我们可以切换视角，站在更高的维度看待这一问题——站在用户视角思考我们要如何成就他们，他们才会有成就。

第一，用户也要生存，用户能够存在的原因是能够为他的用户创造价值。因此，我们可以扩大视野，跳出用户关系看用户，分析用户的用户，看看他最在意的价值是什么，然后去创造价值。

第二，只有用户的用户认同了用户的价值，用户才会有利润，才能可持续发展。否则，用户根本不会存在。“皮之不存，毛将焉附”，这是一个很重要的逻辑，希望读者牢记。

所以，对用户最好的“成就”，就是帮助用户的用户成功。这是成本最低、效率最高的成就用户的一招制胜方法论。试想一下，当我们和用户一起成就他的用户时，用户还会在我们和其他的供应商之间徘徊不定吗？相信只要我们做到了这一点，我们和用户的关系就进入了“无人区”，除了彼此，一切“繁华”都是背景。

2007年，倍轻松的创始人马赫廷走进了行动教育的课堂。当时，倍轻松正面临着巨大的市场挑战，一面是消费意识觉醒的用户与日益强烈的“精致消费”需求；一面是新品牌不断涌入的市场盛况。这本应是一幅极为和谐的画面，但由于早期市场没有统一的标准，品牌之间恶性竞争激烈，同时产品以次充好的现象频发，市场的平衡最终被彻底打破。伴随着供需关系不平衡的，还有用户对按摩品类的信任度不断下降，这不但影响了倍轻松的市场前景，而且对整个行业的未来发展空间也造成了不可逆的损伤，使得行业陷入困局。

为了带领企业走出困局，化蛹为蝶，马赫廷选择通过学习来打破自己的认知，化解企业的困境。学习的一个最直接的作用，就是为企业经营者打造“称手的科学工具”。学习能够让企业经营者拥有“高维打低维”的认知——毕竟，企业经营者的认知高度，决定了企业的高度。

在学习完“浓缩EMBA”课程后，马赫廷拨开迷雾，找到了解决问题的办法。根据学习内容、自己的体悟，结合企业的情况，马赫廷意识到成就用户才是企业的根本。《论语》中说：“君子怀德，小人怀土；君子怀刑，小人怀惠。”马赫廷深刻洞察到这一句话的本质，要做大事，就必须从利他的角度出发，先帮助别人成功，自己才能成功。

成功的企业家都是知行合一的。学习完课程后，马赫廷回到企业，确立了“成就用户、以质取胜”的用户战略，专攻细分市场，根据用户画像，对产品、设计、宣传等多个方面进行调整，精准匹配用户人群，推出“一次购买、终身服务”，重点做好服务，极致成就用户。倍轻松的用户战略如图 5-1 所示。

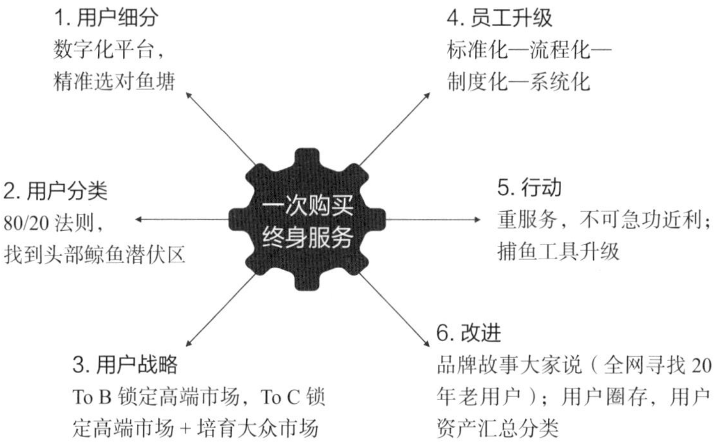

图 5-1　倍轻松的用户战略

在马赫廷把这些成就用户的动作落地后，其不仅贴合了用户对中医养生、大健康的需求，还开拓了企业的第二增长曲线，使企业走出困境，实现可持续发展。

我们的教育的本质是发自内心地帮助企业改变。我不敢说倍轻松走出困境、实现增长一定是因为我们的课程，因为学习是否有效，与每个人的认知、体悟、落地情况息息相关。但我切实地感受到了企业经营者通过落地学到的管理理论和方法，让企业焕发增长活力后的喜悦之情，那一声声的“道谢”，一次次地返回课堂再次学习，就是对我们最大的激励，也是我们帮助用户成功的力证。

商场如战场，到处都弥漫着看不见的硝烟。企业经营者都是孤独的逆行者，需要与“敌人”贴身缠斗，拳拳到肉。学习是一把“钢枪”，学到的知识可以把企业经营者“武装到牙齿”。同时，学习也是一朵“玫瑰”，让企业经营者“心有猛虎，细嗅蔷薇”。在那些美好的、伟大的商业故事里，企业经营者都手握“钢枪”，心有“玫瑰”。

超越竞争，超越用户。帮助用户的用户成功，用户才会成功，我们自己才能成功。经营用户的本质是先义后利，义利合一。企业先帮助用户的用户成功，那么企业的成功就是水到渠成的事。这意味着，成就用户是“因”，企业成功是“果”。企业要种善因，才能得善果。

正确选择第一用户

所有人都是用户，等于没有用户

我们理解“成就”一词的内涵后，接下来，我们要继续逼问自己：“成就”是帮助用户的用户成功，那什么是“用户”？

读到这里，读者可能会笑，认为这个问题有些愚蠢。事实上，很多企业经营者不知道什么是“用户”。

将“用户”一词拆开来理解，“用”可以理解为“使用”；“户”可以理解为“数量”。表面看起来，凡是出钱购买企业产品或服务的人都是“用户”。按照这个逻辑，每个人都需要喝水，每个人都是瓶装矿泉水企业的用户；每个人都需要吃饭，每个人都是方便食品企业的用户。

对吗？显然不对。每个人都需要喝水，但有的人一年只购买1~2次瓶装矿泉水；每个人都需要吃饭，但有的人终其一生都不会购买方便米饭类食品。如果企业经营者认为对企业生产的产品有需求的人就是企业的用户，那么等于没有用户。用户数量早已不是衡量企业盈利能力的指标，相反，用户质量决定了企业盈利的多少。因此，“守株待兔”的思维模式是不可取的，企业应当放弃任何用户对企业都是有价值的这一想法，选择真正有价值的用户。

成就用户的前提是选择用户

成就用户的前提是选择用户，对用户做取舍。没有哪一家企业可以服务行业中的所有用户，在企业资源有限的情况下，正确选择和取舍用户是成就用户的前提。因此，企业落地成就用户的第一要务就是正确选择第一用户。

看到这里，有的读者（特别是中小企业经营者）可能会质疑："在获客如此艰难的情况下，企业每天都在生与死的边缘挣扎，对于打着灯笼都难找的用户，为何还要做选择、做取舍？企业特别是中小企业有选择用户的权利吗？"

对于这样的疑问，我要旗帜鲜明地告诉大家：不仅用户有选择我们的权利，我们也有选择用户的权利。到底什么样的用户才是企业的用户？企业应该与什么样的用户"一生一世"？企业应该成就什么样的用户？……这些都是选择题，要取一舍九。众所周知，华为"以客户为中心"，这里的"客户"是指"以我选择的客户为中心"，而不是"以所有客户为中心"。

企业每多一个用户，就会多消耗一定的资源，无论是财力、人力还是物力。这些资源对企业来说都是有限的，这就决定了企业不可能什么都做，不可能赚到所有用户的钱。老子在《道德经》中说"知止不殆"，这句话的意思是知道适可而止的人，就不会遇到危险。企业懂得选择用户、拒绝用户，是一种大智慧。

选择行业第一的用户

什么样的用户才是企业的第一用户？

我们再次回顾一下前面的内容，即战略是选择第一的标准—价值创造是价值创新—编织成就用户型组织—聚焦品质第一。这时，答案已经出来了，用户要与企业战略相匹配，企业选择了第一的标准，企业的第一用户就是行业第一的企业。这里要做一下区分：

对于 To B 企业，第一用户就是行业第一的企业、中国第一的企业、世界第一的企业。

对于 To C 企业，第一用户就是重度消费群体中的意见领袖。

假设我们是一家财务软件企业，那么找到中国第一的企业，想办法让它成为我们的用户；假设我们是水果零售企业，我们要找到那些既喜欢吃水果、又有强大影响力和人脉圈的人，他们就是我们的第一用户。我们为什么要选择行业第一的用户？主要原因有二。

大升级：倒逼企业升级

之所以要选择行业第一的用户，最主要的原因是倒逼企业升级。第一用户的要求高、标准高，企业为了锁定第一用户，就要进行产品升级、服务升级、管理升级、人才升级等。第一用户倒逼企业全方位升级。我以一家以生产易拉罐为主的企业为例来解释这个逻辑。

作为国内食品包装行业的翘楚，奥瑞金科技股份有限公司（以下简称“奥瑞金”）并不为外界熟知。卖易拉罐能挣多少钱？答案可能令我们感到不可思议——奥瑞金发布的2022年第三季度报告显示，奥瑞金2022年前三季度营业收入达到108.64亿元，净利润为5.43亿元，提前锁定“百亿营收俱乐部”的位置，夯实了国内金属包装企业的龙头地位。

在中国，涉及金属包装的企业有1 700多家，但真正能和跨国企业匹敌的不超过10家，奥瑞金是其中之一。那么，奥瑞金是如何做到的呢？

让我们把时间倒回到28年前，55岁的退休女工关玉香拿出30万元成立了奥瑞金。当时的奥瑞金除了16名员工，一条简陋的生产线，以及关玉香的儿子周云杰，别无其他。作为小微企业的奥瑞金为了生存下来，只能与一些小厂合作，但这一做法不仅没有创造利润，还让企业中的所有人感到筋疲力尽。

幸运的是，在奥瑞金成立的第二年，红牛进入中国市场，在深圳建厂。关玉香敏锐地洞察到了一个使企业迅速发展的绝佳机会——与红牛建立合作。为了赢得红牛的合作，关玉香和周云杰在两个月内，在海南省与广东省之间往返了 41 次。在与红牛初步达成合作意向后，红牛提出了一项特殊的要求——粉末补涂，这在当时是一项很大的技术挑战，因为当时几乎所有的金属包装企业都是采用液态补涂技术。

为了满足红牛的需求，关玉香生生将只有 16 名员工的小工厂的生产水平提升到了国际水平。通过技术购买、引进技术人员和设备，奥瑞金成功地把粉末补涂技术引入中国。为了更好地配合红牛生产，红牛在北京建厂，奥瑞金就紧随红牛来到北京，在距其 800 米的地方建立了第二个奥瑞金工厂，完成了服务升级……

有人说，一个易拉罐能有什么技术含量？事实上，这恰恰是奥瑞金的核心竞争力。奥瑞金非常注重产品技术创新，现在已经拥有 16 项专利。以易拉罐的厚度为例，20 年前，易拉罐的厚度是 0.21~0.23 毫米，目前市场上易拉罐的厚度是 0.19~0.20 毫米。而奥瑞金已经可以生产厚度为 0.135~0.15 毫米的金属罐产品，并且已经成功研发出了厚度小于 0.12 毫米的易拉罐。更薄、更轻的易拉罐，大大降低了用户成本。

第一用户红牛对产品技术、包装、人才的要求，倒逼奥瑞金完成了企业升级。随着红牛的热销，奥瑞金的业绩也一路水涨船高，于 2012 年 10 月 11 日在深圳证券交易所上市。因为第一用户而取得成功的奥瑞金之后不断开发第一用户，包括旺旺、露露、苏萨、汇源、康之味、青岛啤酒、燕京啤酒、雪花啤酒等知名企业。

奥瑞金的成长路径告诉我们一个真理：先有用户升级，后有企业升级。如果我们要达到第一用户的标准，那么企业的标准必须高，这会倒逼企业的产品升级、人才升级、组织升级、服务升级、流程升级……正因为用户标准升级了，企业才会围绕第一用户的高标准优化资源配置：用最好的产品、最佳的团队、最高效的流程……去服务高标准的第一用户。之后，企业的“升级之轮”就进入了自循环。企业只有站在“巨人”后面，才能成为“巨人”。

大实力：和谁在一起，就会成为谁

《荀子·劝学》里说：“蓬生麻中，不扶而直；白沙在涅，与之俱黑。”蓬草长在麻秆当中，不用扶持，就能笔直坚挺；白色的细沙混在黑土之中，就会变黑。古代圣贤告诉我们：和谁在一起，就会成为谁。

一个人和懒惰的人在一起时，会变得自甘堕落；和勤奋的人在一起时，会变得努力上进。同样的道理，企业服务什么样的用户，就会成为谁。如果第一用户是行业中的佼佼者，有着卓越的管理方法、优秀的人才、先进的技术、雄厚的资金等，我们在服务第一用户的过程中，也会潜移默化地学习第一用户的优点。这是一个先学习其表，再领悟其里的过程，是从量变到质变的过程。当企业发生了质变，就表明企业已经成为“谁”。

2023 年 2 月 27 日，蓝思科技发布了 2022 年度业绩快报，报告显示，2022 年蓝思科技实现营业收入 466.94 亿元，较上年增长 3.15%，净利润约为 24.86 亿元，同比增加 20.08%。蓝思科技的快速发展，离不开其第一用户。在《2021 年企业年报》中，蓝思科技罕见地披露了其第一用户的身份——苹果。数据显示，蓝思科技营收中来自苹果的营收占比升至 66.49%。

蓝思科技由周群飞创立，从手工作坊到中小企业、标杆企业、上市企业，经历了 12 年的摸爬滚打。2020 年 9 月 10 日，“2020 中国民营企业 500 强”榜单发布，蓝思科技名列第 88 位。作为一匹创业界“黑马”，蓝思科技之所以能够创造出如此炫目、惊人的业绩，离不开苹果和摩托罗拉两位第一用户。

2003 年，摩托罗拉准备推出 V3 手机，想要为手机配置玻璃盖板，但原来的日本供货商的玻璃在印刷方面存在质量问题。周群飞在听到消息后，三天三夜不睡，攻克了玻璃镀膜后钢球自由跌落不破碎的技术难关，达到了摩托罗拉“不让美国政要或明星划伤脸”的要求，同时改进了镀膜技术及印刷油墨，完美地解决了原来的日本供应商的产品存在的质量问题，进而成为摩托罗拉视窗镜片的独家供应商。为此，周群飞迅速创立了蓝思科技，摩托罗拉成为蓝思科技的第一个国际大客户。后来，摩托罗拉 V3 手机在全球畅销 1 亿多部，一举奠定了蓝思科技在这个行业的领先地位，企业也随之迅速发展壮大。

如果说摩托罗拉为蓝思科技打好了坚实的增长基础，那么蓝思科技的真正飞跃就源于全球智能手机和平板电脑时代的到来。2006 年，苹果率先引入玻璃“智能触控”技术，当时日本、中国台湾的企业都做不出符合标准的盖板，而周群飞凭借多年的技术积累，夜以继日地按照苹果的要求研制，最后取得成功，使蓝思科技成为苹果的独家供应商，光是来自苹果的订单就占据其销售额的一半。

此后，蓝思科技的用户名单上，都是苹果、三星、华为、小米、LG、富士康等第一用户，这些第一用户为蓝思科技贡献了源源不断的巨额利润。同时，与这些国际一线品牌的合作，让蓝思科技在新工艺、新材料、新设备等方面持续领先。截至 2021

年年底，其累计获得授权专利2 000多项，涵盖加工工艺、产品检测、设备开发、新型材料、工业互联网、生产数据化、智慧园区、企业资源管理等多个领域。《2021年企业年报》显示，蓝思科技将新能源汽车作为未来第二增长极，目前已经在消费电子和新能源汽车行业赢得了一批优质、稳定的国际知名品牌用户资源，如宝马、奔驰、大众、理想、蔚来等。

唐代名相房玄龄在《晋书·慕容垂载记》中写道："时来易失，赴机在速。"他的本意是在战争中要迅速抓住战机。"商场如战场"，在商业浪潮中，迅速抓住机遇也是企业经营者的必备能力。从一家玻璃图案印制厂发展到国内最大的手机玻璃供应商，蓝思科技抓住了每一个与第一用户合作的机会，在合作的过程中，不断苦练内功，增强实力，最终跻身"鲸鱼圈"。

物以类聚，人以群分。当企业成功跻身"鲸鱼圈"，这个圈子会给企业带来很大的增量。通过"与龙共舞"获得的资源整合优势，会进一步加快企业成为行业龙头的步伐。

俗话说，"认知改变命运，圈层决定命运"，不管是经营人生，还是经营企业，都是一个通过不断选择别人来改变自己和提升境界的过程。"良禽择木而栖，贤臣择主而事"，企业选择什么样的用户，不仅影响企业的今天，还能左右企业的明天。

用户不成功，你就不成功

成就第一用户是企业经营用户的第一本质，是企业经营者要取的“一”。如果企业经营者“只见树木，不见森林”，没有找到经营用户的第一本质，那么会有什么样的后果？

见利忘义，利尽则散

在商业史上,“义”与“利”的关系深受各家各派的重视，几千年来聚讼不已。根据儒家对“义”与“利”的辩论，我们可以把经营企业划分为四重境界，如图 5–2 所示。

经营企业的第一重境界是“见利忘义”，这是最低层次的境界，也是企业经营者在经营用户时最容易出现的问题。所谓见利忘义，是指企业见到有利可图就不顾道义，这样的企业以利益为

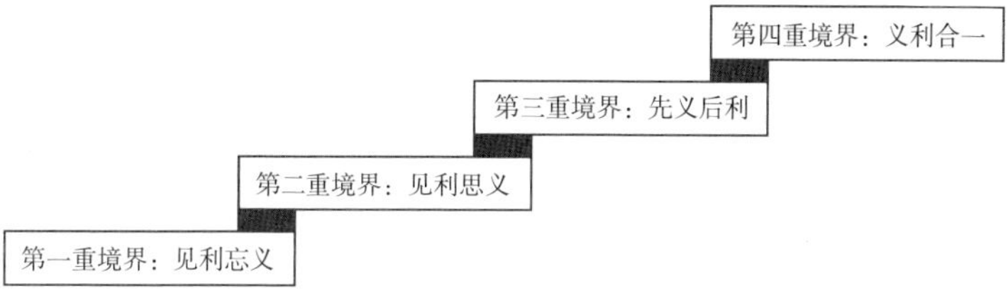

图 5-2　经营企业的四重境界

驱动，以赚钱为导向，面对“义”和“利”时把“利”摆在首位。

曾几何时，三鹿奶粉连续 15 年产销量全国第一，“中国名牌产品”“驰名商标”“国家免检产品”无数荣耀、光环加身，何等风光；超过百亿元的产值，超过百亿元的品牌价值，乳制品行业的标杆企业，何等强大。可在一夕间，便千金散尽，一切皆流水东去，企业破产，企业经营者被判刑。

“不虑前事之失，复循覆车之轨”，对于三鹿这样一个以生命作为警示的极端案例，最值得我们警醒的是，莫要通过眼花缭乱的商业运作手段，把本应该富有温情和责任的事业拖入追逐不当私利的泥潭。

企业是商业组织，特点就是逐利。一家企业如果没有利润，或利润很少，说明这家企业对社会没有贡献，或贡献很少。确保适当的利润，是企业对社会的重大责任，这是企业经营者应当有的观念。获得合理的利润，不仅是企业经营的目的，也是社会繁荣的基石。

企业不赢利是可耻的，因为浪费了社会资源；但企业只以赢利为目标更可耻。打个比方：人活着需要呼吸，但人活着不能就为了呼吸。企业活着，需要赢利，长期不赢利的企业必将关门大吉，但是赢利并非企业的目的。

奥地利心理学家维克多·弗兰克尔在《活出生命的意义》中写道："不要以成功为目标——你越是对它念念不忘，就越有可能错过它。成功如同幸福，是一个人投身于伟大事业的副产品。"这句话套在经营企业上也挺适合——经营企业，不要以赢利为唯一的目标。企业经营者越是只盯着赢利，就越有可能错过它。赢利，是企业成就用户的"副产品"。

企业经营者如果把赢利作为企业的唯一目标，唯利是图，见利忘义，最后的结果就是利散则尽，严重的还有家底赔光、企业破产、牢狱之灾。见利忘义是赚一时，先义后利、义利合一是赢一世。

图 5-3 是一张"企业安危空间图"，从经营用户的维度出发，展示了企业经营者如果见利忘义，突破"成就用户"的商业本质，就会进入危险区，走向左下角的"黑洞"——家底赔光、企业破产、牢狱之灾。

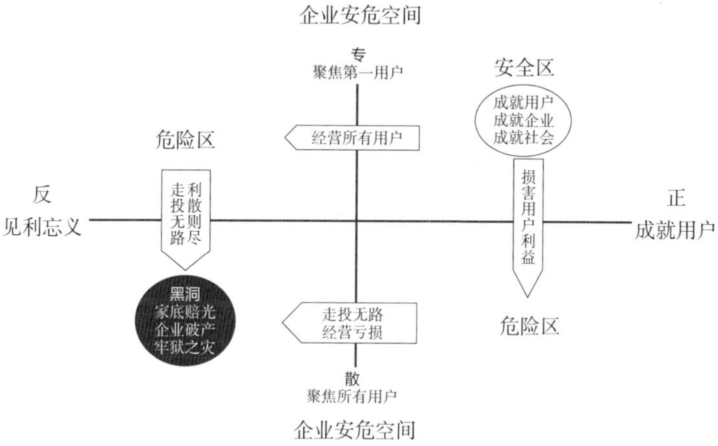

图 5-3　企业安危空间图

企业经营者如果见利忘义，那么相当于大树的根系出现问题，其会导致企业从内而外地崩溃与腐烂，即使积攒了多年的家底，其终有一天也会散尽。对于见利忘义的后果，我想借用作家冯唐说过的一句话："要想短时间内获得巨大财富，你就得有把牢底坐穿的准备。"

我们不禁要问：既然见利忘义会给企业造成如此严重的后果，为什么仍有企业经营者会欣然往之，不问"东西"？

答案很简单：人性中的贪婪在作怪。伟大的企业经营者为了理想、使命而奋斗，财富只是他们撬动梦想的工具。而贪婪的企业经营者纯粹为了财富，更有甚者，直接靠坑蒙拐骗获得第一桶金，获得暴利后又开始钻法律的漏洞，偷税漏税……企业经营者若贪“三样”，一生白忙活：

贪财富，为钱利不择手段；

贪名誉，为出名急功近利；

贪安逸，为舒服不思进取。

天下最大的罪过莫过于贪得无厌。过于逐利，势必会为自己招来灾祸和不幸。人一旦被欲望牵着鼻子走，就会失去自由，沦为欲望的奴隶。这时非分的欲望便成了祸根，贪得无厌的人，终会被所要的东西压垮。

正是看到了这些问题和后果所在，我才一再强调企业要先义后利，义利合一，要成就用户。先有用户的成功，才有企业的成功；用户不成功，企业就不成功。没有善、没有良知的人，只是商人，不是企业家。我们需要的是企业家，而不是见利忘义的商人。

一位优秀、伟大的企业经营者不仅要激发人性中的善，还要最大限度地克制人性中的恶。“仁义者，利不求自来；逐利者，失义则必失利。”企业经营者为用户创造的价值越大，对社会大众的贡献越大，获得的利益也就越大。这就是先义后利、义利合一的经营哲学。

现在请你反思：

在经营企业的四重境界中，你属于第几重境界？
在经营企业的过程中，你是否存在损害用户利益的情形？
如果用户的利益与企业利益发生冲突，你要如何选择？

你的选择决定了企业最后的结局。如图 5-4 所示，经营企业的四重境界对应四个结局。

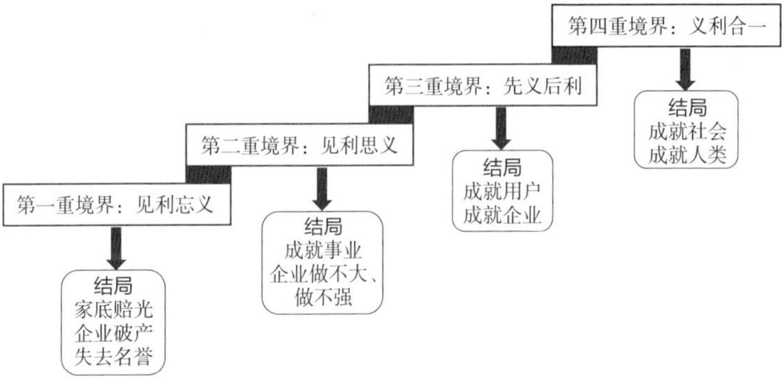

图 5-4　经营企业的四重境界对应四个结局

“全盘通吃”，连衬衫都赔进去

当企业经营者不知道“成就”一词的内涵时，容易见利忘义，最后的结果是利尽则散、利尽则亡。那么，当企业经营者不知道成就用户的前提是选择第一用户时，又会出现什么样的问题和后果呢？

过去因，现在果；现在因，未来果。企业现在的样子，是企业过去的“果”造成的；企业未来的样子，则是企业现在的“果”造成的。改变企业经营用户的思维，要找到“因”，才能改变“果”。

“全盘通吃”是指企业经营者认为所有人都是用户，用户越多越好。饥不择食可能会导致消化不良、中毒，甚至出现更严重的后果。经营用户也是同样的道理。用户多了，企业的资源“消化”不了，就会“中毒”。

“用户多”给企业带来的第一个后果是无利润+赔钱。“80/20法则”揭示了企业经营中另一个不平衡的现象：20%的用户给企业创造了80%的利润。这一法则说明了两个问题：一是对企业真正有价值的用户占少数；二是企业在服务用户的过程中，20%的用户给企业带来的超额价值，被许多非盈利用户消耗了。这些非盈利用户不仅花费了企业高服务费用，还可能给企业造成“呆账”“死账”，使企业“赔了夫人又折兵”——不但无利润，还要赔钱。

全球著名广告企业奥美的创始人戴维·麦肯兹·奥格威在《一个广告人的自白》一书里分享了他选择客户的“十大标准”，

其中之一为："搞清楚可能成为你的客户的广告主是不是希望他的广告公司有利可图是很重要的。我有过蒙受损失的经验。我帮助我的客户发展成千万富翁，可是我自己却在为他们服务的过程中连衬衫都赔了进去……我们在锋利的刀刃上要平衡：既不能给客户过分的服务而使自己破产，也不能轻率服务丧失业务。"

"用户多"给企业带来的第二个后果是资源浪费 + 成本增加。企业的资源是有限的，无论是人力、财力、物力，还是生产能力、时间，不选择用户，不对用户做取舍，就如同把一把糖撒进湖里，湖水的甜味根本尝不出。把有限的资源和成本用在"错的人"身上，不仅会让你错失"对的人"，还会白白浪费资源。

苹果手机虽然风靡全球，但并没有获得全世界所有人的喜爱与认可；姜子牙只服务周文王父子；张良只服务刘邦；诸葛亮只服务刘备；刘秉忠只服务忽必烈；刘伯温只服务朱元璋；姚广孝只服务朱棣……这些顶尖高手，他们都是只服务一个"用户"。我们或许做不到只服务一个用户，但经营用户的逻辑和方向是相通的：服务更少、更优质的用户。

英国人类学家罗宾·邓巴提出了著名的"邓巴定律"，即由于人类大脑皮质的大小有限，其提供的认知能力只能使一个人与大约 148 个人维持稳定的关系，这一数字是人们拥有的与自己有私人关系的朋友数量。将 148 个人四舍五入为 150 个人，这个数字也叫“邓巴数”。

将罗宾·邓巴的研究成果延伸，如果把工作和私生活五五开，那么我们个人50%的时间，最多只能维护好10个用户。

假如你的目标是一年赚10万元，你只需要找到10个能轻松支付1万元的用户；

假如你的目标是一年赚100万元，你只需要找到10个能轻松支付10万元的用户；

假如你的目标是一年赚1 000万元，你只需要找到10个能轻松支付100万元的用户。

企业经营者一定要遵循取一舍九的思维和方法论，将99%的时间和资源投入1%的关键用户身上，做到“用户3 000，只取1%”。

“大小通吃”，亏得只剩两块五

除了“用户越多越好”的错误，企业经营者还容易犯“大小通吃”的错误。“大小通吃”是指企业经营者不知道对用户做取舍、做分类，大用户和小用户的服务标准是一样的。

如果我们仔细观察一些企业经营用户的动作，就会发现他们是这样“钓鱼”的：拿着“钓鱼竿”，“鱼钩”上挂着“面包屑”“小蚯蚓”，天天守在岸边，看似十分投入地在“钓鱼”，最后费尽千辛万苦却只能钓到一些“小鱼”，甚至“小虾米”。虽然企业看起来有很多用户，企业所有人从早忙到晚，筋疲力尽，但到了年底，企业的财务报表核算出来，企业所有人都惊呆了：一顿操作猛如虎，亏得只剩两块五。

为什么会出现这样的情况？因为在这些企业经营者的认知里，能“钓”到一些“小鱼”“小虾”已经很不错了，至少能让企业活下来。但他们似乎忘了一件事：企业钓“小鱼”“小虾”是要耗费大量成本的。

我们以一家做软件开发的企业为例，简单计算一下。如果这家企业开发一个小用户的收入是 1 万元，开发 10 个小用户的收入则是 10 万元。每开发一个小用户，企业投入大量人力、物力和财力（包括从找到客户到建立信任、满足需求、成交、服务、售后整个闭环），所付出的总成本是 1 000 元，10 个小用户的开发成本则是 1 万元。按照企业的利润公式：收入–支出 = 利润，10 万元减去 1 万元等于 9 万元。

如果这家企业开发一个第一用户的收入是 10 万元，那么开发 10 个第一用户的收入就是 100 万元。企业不管是开发第一用户，还是开发小用户，企业投入的人力、物力和财力都是一样的，都是 1 000 元，10 个大用户的开发成本则是 1 万元。按照企业的利润公式：收入-支出 = 利润，100 万元减去 1 万元等于 99 万元。

大家能看出开发第一用户与小用户的区别吗？这还不是最关键的，最关键的在于企业费尽心力开发的 10 个小用户，他们的 CLV（客户生命周期价值）和生命力都很低，且小用户很容易流失或给企业带来负面效应。更可怕的是，当企业只盯着 10 个小用户时，那些真正的大用户会逐渐被竞争对手抢走。长此以往，企业规模只会越来越小。所以，企业在计算 10 个小用户的成本时，还要把这些隐性成本计算进去。这样，开发一个小用户的成本就变成了 1 万元，开发 10 个小用户的成本则是 10 万元，10 万元的收入减去 10 万元的成本，利润为 0 元。这意味着，企业耗费了大量的时间、精力和资源，最后的经营结果却是零。

企业要想改写“10 万元减去 10 万元等于 0 元”的经营结果，企业经营者就要转变思路，思考如何才能真正实现以 1 元的成本获得 1 000 元的价值。

一家企业如果一年只服务一个持续产生订单的第一用户，就会很轻松；企业把所有的资源都集中在这个第一用户身上，所产生的用户价值会更高；第一用户获得的价值高了，转介绍率就会高，第一用户转介绍的一般也是第一用户。企业的成功来自通过最小的投入获得最大的产出。在经营用户上，什么是最小投入？

答案就是成就第一用户。

总结一下，企业经营者如果不选择用户、不对用户做取舍，“全盘通吃”，后果就是连衬衫都赔了进去；“大小通吃”的后果是亏得只剩两块五。最终企业只能是用户的“备胎”，用户一旦遇见更好的，就会毫不犹豫地离开。由此，用户取舍漏斗出来了，如图 5-5 所示。

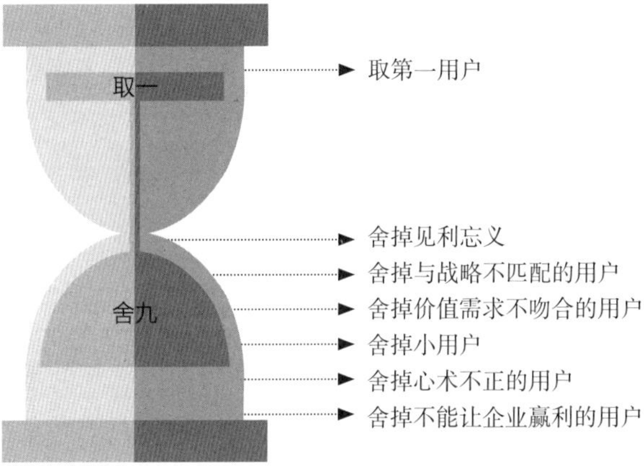

图 5-5　用户取舍漏斗

需要注意的是，企业经营者每隔 3 个月或 6 个月就要重新做一次用户取舍漏斗。企业经营者如果不及时、全面地掌握与追踪用户的动态（如用户的资金周转情况、资产负债情况、利润分配情况），等到第一用户变为“小用户”“坏用户”时，将为时晚矣、追悔莫及。

第一标准，成就第一用户

万事俱备，只欠东风。接下来，企业经营者要考虑的问题是，如何成就第一用户？

答案是第一标准。既然是第一用户，企业就要用第一的产品、第一的团队、第一的政策、第一的服务、第一的方案为用户创造价值。那么，企业经营者要用什么样的第一标准来成就第一用户呢？三个策略分享给大家，即第一锁定、第一重视、第一维度。

第一锁定

第一锁定是指企业经营者要对用户进行区分和取舍，锁定第一用户。

企业经营用户的第一本质是成就第一用户。To B 企业取行业第一的企业、中国第一的企业、世界第一的企业；To C 企业取重度消费群体中的意见领袖。

这里需要特别说明的是，如果你的企业有行业第一的用户，那么其就是你的第一用户，你要聚集所有资源去成就第一用户。如果你的企业暂时还没有行业第一的用户，那么这是否意味着你要把所有用户都舍掉？

如果你真这么做了，你的企业可能就岌岌可危了。对于暂时还没有行业第一的用户、中国第一的用户的企业，我们可以对企业现有的所有用户进行分类，找到现阶段对企业价值最高的用户，其就是企业现在的“第一用户”。哪些是企业现阶段的第一用户？我们可以通过以下三个特征来辨别。

大需求

和普通用户相比，第一用户的需求量大且需求频次高。对 B 端用户而言，第一用户单笔订单量大，业绩贡献率占比较高；对 C 端用户而言，第一用户是指某个品牌的重度用户，其购买频次远远高于普通用户。比如，有的人是苹果手机的“死忠粉”，每次都会购买苹果的新款手机；有的人每天都要喝一杯星巴克的咖啡，等等。

大支付

和普通用户相比，第一用户愿意支付更高的溢价。第一用户在总用户中的占比不高，但其愿意为企业的产品花钱，也更愿意参与到新品开发、试用和消费中来，所带来的价值远高于普通用户，客单价也更高。苹果手机的“果粉”就是这类用户。

大复购

与普通用户相比，第一用户容易与企业建立更深的联系，复购率更高。其更关注企业的动向，更愿意向周围人推荐产品，或参与新品试用，再复购。

企业可以按照这三个特征所对应的数据，找到自己的第一用户。整个区分和取舍的过程，就是企业一步步锁定第一用户的过程。锁定第一用户的目的，是聚焦第一用户价值，把关键时间用在关键用户身上，聚焦关键事件和关键做法，这样就能产生杠杆效果。

第一重视

企业经营者重视哪里，哪里就会有结果。第一用户是行业第一的企业、中国第一的企业、世界第一的企业、重度消费群体中的意见领袖，或者给企业带来最大利润的用户，其是“大王”，我们自然不能让“小兵小将”去服务第一用户，最基本的逻辑是“大王对大王”，由企业经营者出面对接。

第一用户讲求实力对等、身份对等，企业经营者不能让一个普通员工去服务第一用户，这样会让第一用户认为企业不重视自己。举例，2015 年，71 岁的任正非亲自带队去四川拜访客户，以表示对客户的重视。重要客户到访华为，很多时候任正非会亲自开车接客户。在华为，从上到下都真诚地把客户当作衣食父母。但对其他不是客户的人，任正非则是能躲就躲。有一次，美国财团摩根士丹利首席经济学家斯蒂芬·罗奇率领豪华投资团访问华为，顶着“3 万亿美元团队”的头衔，斯蒂芬·罗奇以为任正非一定会亲自迎接，没想到华为只派了负责研发的副总接待。在任正非看来，“他们根本不是我的客户，我没有义务接待他们”。

当我们企业开发、服务、跟进第一用户时，我一定会深度参与，检查每一个标准化动作是否到位。同时，我还会经常与第一用户沟通，通过第一用户的反馈，迭代升级企业的产品和服务。

企业经营者越是亲自指挥与把关，成就第一用户的可能性就越大。反之亦然。

如何重视？企业经营者可以通过以下两个问题“自检”：

第一，企业从上到下的资源配置，是否全部指向第一用户？

第二，企业的价值创造、价值分配、价值评价是否以用户满意为标准？

第一维度

第一标准如何落地？比如，企业经营者如何制定最高的产品标准、人才标准、服务标准等？

超越用户和同行的标准就是第一标准。如何制定超越用户和同行的标准？

企业经营者要站在更高的维度——全球产业链的维度去制定标准。要做到这一点，企业经营者要做好三个研究，如图 5-6 所示。

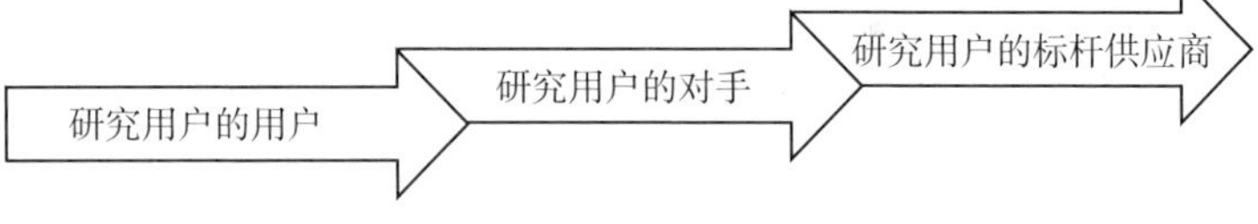

图 5-6　企业经营者要做好三个研究

研究用户的用户

牛津大学的马丁·克里斯多夫教授说："21 世纪的竞争不再是企业与企业之间的竞争，而是供应链与供应链之间的竞争。"企业经营者要站在整个供应链的视角看待用户。

经营广告企业的经历，让我明白了一个深刻的道理：用户来做广告的目的只有一个——吸引他的用户。我的用户是为了自己的用户做广告。因此，我给出的产品想要打动的绝不仅仅是我的用户，还有用户的用户。只有在说服和打动了用户的用户以后，才能最终成就用户。明白了这一点，也就明白了"研究用户的用户"的意义和目的。

企业要想成就第一用户，仅仅满足第一用户的需求还不够，还要研究用户的用户是谁、他们想要什么、他们遇到了什么问题、为什么会选择第一用户的产品等。我们可以化身为用户的用户，从用户的用户的需求出发，倒推出第一用户的需求和标准，进而为其量身定制解决方案，提供独一无二、不可替代的产品和服务。

研究用户的对手

企业经营者一定要牢记：第一用户购买我们的产品或服务，目的之一是获得竞争优势，战胜其竞争对手。

知彼知己，百战不殆。我们要想帮第一用户打赢这场战役，就要摸清第一用户的竞争对手是谁，了解他们提供的产品或服务有什么特点，与第一用户有什么差异，等等，然后因地制宜，制订出帮助用户战胜竞争对手的解决方案。企业如果能做到这一点，将会和第一用户成为一生一世的“莫逆之交”。

研究用户的标杆供应商

仅仅研究用户的用户、用户的竞争对手还不够，企业经营者还要继续深入地研究用户的标杆供应商。

褚时健接手玉溪卷烟厂时，烟厂生产几近停滞，濒临倒闭。在他走马上任一年之后，烟厂迅速扭亏为盈。

为了提升产品品质，褚时健购买了进口设备，还向全球烟草巨头菲利普·莫里斯公司学习管理和烟草种植技巧。在对标的过程中，褚时健不仅学菲利普·莫里斯，还学菲利普·莫里斯的供应商。因为，一流的企业一定有一流的供应商，一定是众多一流供应商的托举才成就了一家一流的企业。

菲利普·莫里斯公司旗下最火的品牌莫过于万宝路，而这个品牌爆火是因为菲利普·莫里斯邀请美国顶尖广告大师李奥·贝纳为其做战略设计。通过产品聚焦和伟大的创意，万宝路在众多香烟品牌中脱颖而出。

褚时健顺着全球烟草巨头的发展脉络，找到了用户的标杆供应商，学到了聚焦的力量，再将其运用到玉溪卷烟厂，成功将“红塔山”塑造为卷烟厂的第一品牌。

企业经营者在研究用户的标杆供应商时，有两个要点，一是企业经营者要对标第一用户的标杆供应商，把对方的战略、价值创造、产品特点、服务标准、营销策略等摸透；二是找出自己与第一用户的标杆供应商的差异点和薄弱点，打透差异化，查缺补漏，为第一用户提供独一无二的价值。

对标第一用户的标杆供应商的本质，是寻找自己的位置，从市场的角度，正确地评估自己在什么地方，离目标还有多远。锁定了目标，我们就会知道怎么缩小差距，缺什么补什么，日拱一卒，不断反思，持续改进。

在用户的取一舍九结尾处，我想分享贾谊《新书》里的一句话：“爱出者爱返，福往者福来。”希望读者能细细体悟这句话，从中感受到成就用户、成就他人的力量。

读书笔记

阅读时间

启迪摘抄

阅读思考 / 企业经营实践

第 6 章

营销的取一舍九

定价定天下

营销的第一本质是定价。

定价定天下，

定价即经营。

企业经营者要从量本利思维

转变为价本利思维。

营销 = 价 × 量

营销决定企业规模

提及“营销”，一般有两种不同的认知。

第一种认知是，企业经营者相信只要产品好，企业就必然会在市场中取胜。这一类企业经营者的口头禅是“金杯银杯不如用户的口碑”“酒香不怕巷子深”“是金子总会发光”等。曾经有一位企业经营者在我们的课堂上直截了当地说：“我不喜欢营销，我信奉脚踏实地做产品。”我很理解他的想法，脚踏实地做好产品没有错，但做好产品与做好营销并不冲突，它们不是二元对立的关系。

我们用“是金子总会发光”“酒香不怕巷子深”等金句来激励人们积极向上，对生活抱有期望，这非常好。但这些金句并非放之四海而皆准的真理，它们受制于当时的社会背景，有一定的阶段性和局限性。

以“酒香不怕巷子深”为例。古代交通没有如今这样方便，老百姓几乎都在居所附近生活。男耕女织，柴米油盐，这几乎是他们生活的全部。张家长李家短，村里谁有喜事，哪个店铺酿的酒好喝，用不了半天就都传开了。

如今城市的人们生活在高楼大厦里，习惯也发生了变化，更注重个人隐私，甚至同一层的邻居都互不认识。所以，酒再香也怕巷子深。更何况现在产品种类繁多，市场竞争异常激烈，如果企业经营者仍然信守“是金子总会发光”和“酒香不怕巷子深”的品牌战略，最后的结果就是故步自封，无法在市场上立足。

企业经营者不应该再孤芳自赏，盲目自信地认为自己的“金子”终将发出耀眼亮光，迷恋和沉醉于自己的“酒香”能够穿墙透壁，而应该主动出击，通过营销实现企业战略。

第二种认知是企业经营者信奉“营销为王”。这类企业经营者几乎把一半的预算都花在营销上，认为营销能解决企业的一切问题。

一流高手往往是既有实力又会营销的人，比如格力；二流高手是有实力却不会营销的人，比如各行各业的精英；三流高手是无实力却善于营销的人，比如那些频频“翻车”的网红；不入流的人是既无实力，又不会营销的人。

我们既不希望金子被扔在臭水沟里，发不出光，也不希望不是金子的“冒牌货”熠熠生辉。赋予产品“金子”般的内涵，同时又让它们不失时机地发光，便是我们当下的最佳选择。

在经营企业的过程中，企业经营者任何一个错误的认知，都会使企业付出惨重的代价，而这些错误，已经被无数企业验证，我们需要做的就是提前避坑。企业的成功要归于企业经营的成功，而营销是企业经营的一部分。我们既不可忽视它，也不可过度拔高它。

为什么企业经营者对营销会形成错误的认知？核心原因是企业经营者只是站在技巧的层面来思考营销。战略管理学家阿诺尔特·魏斯曼说：“一个问题的解决，总是依赖于与问题相邻的更高一级的问题的解决。”企业经营者要想提高营销认知的层次，应该从营销的定义和第一本质入手，以此洞察商业经营的逻辑。

什么是“营销”？我们将“营销”一词拆开来看。“营”是经营。经营解决的是如何让企业做强的问题。企业经营的本质是通过成就用户让自身在商业活动中获得长期优势。没有经营，就没有好的产品，没有好的产品，营销、推广也只不过是一种杀鸡取卵、竭泽而渔的行为。

既然经营的目的是让企业变强，那么经营就与企业的战略息息相关。战略一旦确立，经营方向就不应该改变。战略包含了一致性的营销活动，产品、定价、分销和广告——所有构成营销的活动都必须围绕既定的战略展开。所以，如果我们有了成为第一的战略意图，选择了第一的标准，那么驱动企业实现战略的关键要素之一就是营销。如果不做营销，或者做不好营销，那么战略将成为空谈。

“销”是销量。“销”要解决的是如何扩大企业规模的问题。假设企业现在的收入是 100 万元，那么营销的目的是要把 100 万元变成 500 万元、1 000 万元，甚至更多。企业收入增长的最直接效果就是企业的规模扩大了。

通过营销的定义，我们可以知道：

营比销更重要；

营销解决的是企业如何做强做大的问题。

从量本利到价本利

既然营销解决的是企业如何做强做大的问题，那营销就必须提高企业的利润。假设企业的成本不变，根据利润公式（收入-成本＝利润）和收入公式（价格 × 销量＝收入），提高利润就是提升收入，用公式来表示营销：

营销＝价格 × 销量

通过公式，我们可以看出，驱动企业营销成功有两个关键因素：价格和销量。那么，谁更重要？谁才是营销的第一本质？

价格和销量谁更重要，对应的是企业经营者两种不同的思维模式。

量本利

认为销量更重要的企业经营者，是“量本利思维”。这样的企业经营者会做两件事：一是增加销量，提高市场占有率；二是降低成本，提高产品数量。这是传统经济模式下的基本赢利思路——根据量本利分析法，我们通过分析产品数量、生产成本、销售利润这三者之间的关系，研究出企业以最低的成本生产出最多的产品，从而获取最大利润的经营方案。简单地说，通过放量降低单位固定成本，从而取得效益，也就是我们常讲的薄利多销。

量本利思维的本质是以价换量，薄利多销。比如，前几年不少企业兴致勃勃地发动“双 11 大战”，有的企业发布了不错的销售业绩，但实际上真正能够在“双 11”实现赢利的企业并不多。因为“双 11”的本质是通过打折、低价、促销等方式吸引用户，是典型的量本利思维。

以价换量、薄利多销的方式可能会在短时间内提升产品销量，但“杀敌一千，自损八百”的做法可能导致整个行业陷入低赢利乃至不赢利的泥潭。这时企业会通过降低成本、牺牲用户价值等方式来改变利润骤跌的局面，最后的结果是量价齐跌，企业亏损。

价本利

认为价格更重要的企业经营者，是“价本利思维”。价本利思维是指企业在确保产品质量的前提下，保持产品价格的长期稳定，既不打价格战，又给用户适当的实惠，维护用户的利益。价本利追求的是通过合理的定价方式，在市场、用户、竞争者都能接受的情况下追求价格理性化。

赫尔曼·西蒙在他的著作《定价制胜》里表达了这样的观点：企业在价格上要有主动权，一旦失去定价权，企业就变成汪洋大海里漂浮的一条船。企业创新是为了什么？答案是价格。企业通过并购扩大规模，提高市场占有率，也是为了价格。我们不能离开价格讨论问题，价格是企业的生命线。

合理、稳定的价格是绝大多数企业赢利的基础。“日本经营之圣”稻盛和夫在著名的“经营十二条”的第六条中提到“定价即经营”。这也证实了定价对企业的重要性。稻盛和夫说：“定价不仅是为了好卖或为了容易获取订单，而是决定企业生死的关键。”

犹如经典物理学跑不出牛顿的“三大定律”①，营销也跑不出杰罗姆·麦卡锡的“4P理论”，原因是它抓住了营销的4个核心要素，如表6-1所示。

表6-1 “4P理论”

顺序	要素	意义/作用
第一P	产品（Product）	产品是企业发展之源，没有产品，企业就是无源之水。企业要做好营销，产品品质是根本

① 牛顿三大定律由艾萨克·牛顿于1687年在《自然哲学的数学原理》一书中总结提出。其中，第一定律说明了力的含义：力是改变物体运动状态的原因；第二定律指出了力的作用效果：力使物体获得加速度；第三定律揭示了力的本质：力是物体间的相互作用。

（续表）

顺序	要素	意义 / 作用
第二 P	价格（Price）	定价定天下。价格是产品价值的体现，关系到企业的一切
第三 P	渠道（Place）	渠道决定企业的规模大小。渠道是产品的出口，是终端，包括代理商、经销商、零售商等，解决用户在哪里购买企业产品的问题
第四 P	推广（Promotion）	通过广告、宣传、活动等推广手段，让用户知道产品

通过“4P 理论”，我们可以看到价格排在营销的第二位，仅次于产品。所有的营销动作都建立在品质的基础上，这也从侧面说明了价格在营销中的决定性作用。

价格和销量，谁更重要？通过以上分析，我们应该有了答案：价格是营销的第一本质，企业经营者要从量本利思维转变为价本利思维。再准确一点儿，价格是企业根据成本、价值等综合因素制定出来的，定价是营销的第一本质。

提价 10%，利润上升 50%

定价对企业意味着什么？

定价就是定战略

定价不是简单地制定产品价格，定价的背后关乎企业战略。

第一，世界一流的企业一定要有世界一流的产品和定价。定价失误就是战略失误，战略失误会导致企业损失惨重。

第二，定价决定了企业的资源配置与价值链。产品定价不同，配置的产品、团队、服务、营销等资源也不相同。比如，华住旗下定价约 200 元每晚的汉庭酒店和定价约 400 元每晚的四季酒店，所配置的资源完全不同。

第三，定价的背后是企业的整个利益链，牵一发而动全身。定价包含了用户的价值利益、员工的分润利益、供应商利益、股东和投资人利益等多方面的利益分配机制。

定价是利润杠杆

古希腊物理学家阿基米德说过一句著名的话："给我一个支点，我就能撬起整个地球。"这就是杠杆的威力。定价有杠杆的威力，能让企业的利润倍增。这听起来令人难以置信，我们计算一下，看看产品的价格上涨 10% 会发生什么？在计算之前，请大家记住一个公式：

利润 =（价格 × 销量）−成本

假设一家咖啡店每天的固定成本是 6 000 元，一杯咖啡的售价是 20 元，成本是 10 元，平均每天销售 1 000 杯，那么这家咖啡店一天的利润为：

$$（20 \times 1\,000）-（10 \times 1\,000）-6\,000 = 4\,000（元）$$

有三种办法可以提高这家咖啡店的利润：提高价格、降低成本和提升销量。现实中这三种情况可以同时发生，当然我们很难既提高价格，又提升销量，同时还降低成本。假设每天的固定成本 6 000 元不变，我们分别看一下，成本降低 10%、价格提高 10% 以及销量增加 10% 后，利润各有什么变化，计算结果如表 6–2 所示。

表 6–2　不同因素的变化对利润的影响

	变化因素		利润		利润提升百分比
	旧	新	旧	新	
价格	20 元	22 元	4 000 元	6 000 元	50%
单杯成本	10 元	9 元	4 000 元	5 000 元	25%
销量	1 000 杯	1 100 杯	4 000 元	5 000 元	25%

我们可以看到，价格提高 10% 之后，咖啡店一天的利润提升了 50%，而提升 10% 的销量或者降低 10% 的单杯成本，咖啡店一天的利润仅提升了 25%。更为重要的是，比起提升销量和降低成本，提高价格更容易操作。因为降低成本非常复杂，不可

能一蹴而就。同样地，增加销量也需要配合其他推广活动，一般还会增加相应成本。

数据是最理性和真实的，不管我们如何计算，结果都体现了同一个逻辑：价格的变化是利润巨大的杠杆，微小的价格变动就会造成巨大的利润变动，而且利润率越低的企业，价格变动的杠杆越大。如果一家企业的净利润率只有 2%（这是许多零售商的现状），在不造成销量损失的情况下，提价 2% 可以使其利润翻番。

定价是用户价值

“价格”一词的定义可以追溯到古罗马。在拉丁语中，价格和价值都用“pretium”这一单词表示。

Pretium= 价格（Price）= 价值（Value）

也就是说，价格是为用户创造的价值。产品的价格取决于使用价值和供求关系。价格就是用户价值的表现形式之一，价值高的产品，价格一定不会便宜。比如,58 元 / 位的自助餐和 598 元 / 位的自助餐，带给用户的价值是不一样的。

企业的产品价格决定了用户价值。用户价值不只包括产品本身的基础功能价值，可能还包含产品的社交与精神价值，最典型的例子是钻石。钻石除了可用于工业外，在生活中几乎没有任何实用价值，但钻石的价格非常高，钻石的高价本身就是价值的一部分。

俗话说，物以稀为贵。这是因为东西越稀少，社交和精神价值就越高。法拉利就是充分利用这一价值观念的典型企业。法拉利是举世闻名的赛车和运动跑车生产厂家，历史上最高年销量是2012年的7 318辆，相比而言，2013年丰田汽车的销量是998万辆，是法拉利销量的1 300多倍。时任法拉利董事长的卢卡·迪·蒙特泽莫罗却说法拉利的年销量不应超过7 000辆。这是因为卖得太多会降低法拉利的价值。“世界上没有相同的法拉利”，法拉利的稀有性才是其价值的体现，这也是法拉利能定高价的原因。

马克·吐温在评论历史时说：“历史并不会重复，但会押韵。”我们在了解了越来越多的规律和案例之后就会发现，商业的历史也总是押着同样的韵脚，把握商业背后更本质的东西能让我们在经营企业、经营人生的过程中，走得更稳、更快、更长久。

乱定价失市场，失价失全局

定价不是销售时给产品贴的价格标签，更不是企业经营者拍脑门随口说出的一个数字。定价是入口，是起点，是企业的生命线。所以企业经营者从一开始就要用战略思维来定价。

正所谓“乱定价失市场，失价失全局”，正确的定价是企业实现战略的保障，错误的定价不仅会让企业亏损，还会让企业失去战略、失去用户、失去市场。下面，我们一起来盘点一下那些错误的定价方式。

不想定价的是“傻子”

第一种是企业经营者不想定价，把产品的定价权交给业务部门或代理商、经销商等。这样做的后果是，业务人员、代理商、经销商为了提高业绩，会通过降价和赊销方式拿到订单，而这两个办法恰恰是企业的“死穴”。因为产品价格越低，企业的利润越低；而赊销会导致企业的收入变成应收账款，时间一长，“坏账”“呆账”“死账”越来越多，企业就会被这些应收账款拖垮。

沃伦·巴菲特说过：“定价权是判断一家公司的价值的黄金标尺，如果你在提价前还要祈祷，那你的生意真的很糟糕。”不想定价的企业经营者是“傻子”，因为他把企业的“命脉”交到了他人手里。

定价就是定战略，定价是利润模型，定价是用户价值。这意味着定价一定是“一把手工程”，应该由企业经营者亲自决定。企业经营者应该关注产品的价格和应收账款这两个指标，把产品的定价权牢牢握在手里。企业经营者要舍掉不想定价的思维模式。

定价过低的是“败家子”

第二种是企业经营者希望通过定低价让产品销量更高。

薄利多销实质上是两件事：“薄利”是一件事；“多销”是一件事。薄利不一定能多销，多销也不一定都是薄利，它们之间没有必然的因果关系。薄利的前提必须是能“多销”，也就是说，销量必须足够高，否则，薄利反而会让企业“死”得更快。

浙江义乌有很多人就是靠着几分、几厘的利润把生意做大的。比如，虽然双童公司的一根吸管只赚 0.000 8 元，但其每天平均生产 1 亿 7 000 万根吸管，占有国内 3/4 和全世界 1/4 的市场份额。薄利的前提是量大，以量取胜，这才是真正的薄利多销。

产品的价格和销量之间存在矛盾，最理想的状态是量价齐涨，做到价涨份额不丢、量增价格不跌。当价格和销量不可兼得时，我们思考问题的出发点应是确保合理利润，找到价格和销量之间的最佳平衡点，一味地牺牲价格去增加销量是行不通的。

“红苹果”连锁超市曾经轰动一时，其宣称要把实惠全部让利于用户，因此所有商品都只按“五点利”的毛利率出售。“红苹果”原计划在一年内开设 100 家分店，希望通过极低的价格吸引大量的用户，再以此压低采购价格。然而，以低价著称的沃尔玛超市的毛利率都在 25% 左右。“红苹果”仅仅靠“五点利”的利润根本难以支撑企业的运转。结果开业仅一年，这家超市就因拖欠 300 多家供货商总计高达 3 000 多万元的货款而被迫歇业。最终，打着把实惠全部让利于民旗号的“红苹果”倒在了“五点利”的低价上。

“红苹果”超市之所以失败，主要是因为微薄的利润并没有带来销量的上升，反而中了“短命”的“魔咒”。

薄利多销和物美价廉是个悖论，因为质量是有成本的。产品生产和销售都需要大量的资金和投入。资金和投入是刚性成本，不可能无限压缩降低，因为如果这样做，企业必然会牺牲质量和产品价值，那么企业将失去用户。高价等于高价值，低价等于低价值。产品定价过低会让企业进入恶性循环，如图 6-1 所示。

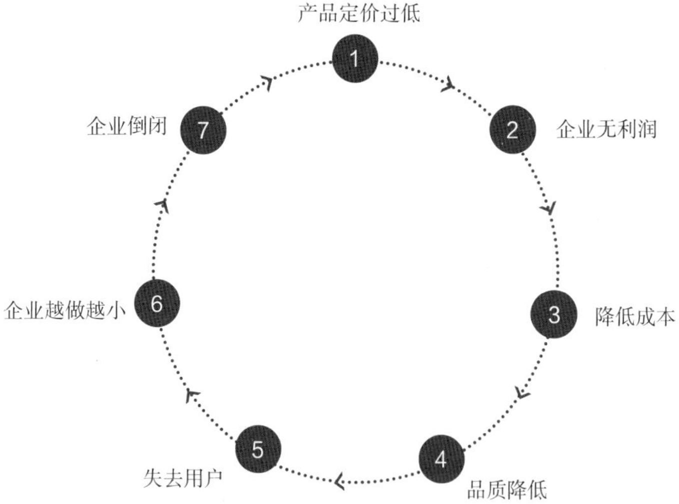

图 6-1　因产品定价过低给企业带来的恶性循环

企业经营者要明白，用户购买某件产品，不是因为它价格便宜，而是因为它具有价值。用户不是买便宜，用户买的是价值。因此，任何企业经营者都应该让产品保持稳定的价格，赚取合理的利润，用以维持产品应有的价值。而定价过低的企业经营者是“败家子”，最后会败光企业的家底。企业经营者要舍掉过低的产品定价。

乱定价的是“疯子”

第三种是企业经营者乱定价。乱定价的“乱”有两层含义：一层是乱降价，比如产品销量不好时马上降价促销；一层是乱涨价，比如一旦产品供不应求，马上涨价。

阿胶是一味滋补的中药，东阿阿胶更是被称为“药中茅台”，其销量曾保持了长达 13 年的增长态势。但是，2019 年，东阿阿胶“跑”不动了，出现了自 1996 年上市以来的首次亏损，且一下子亏掉了 4.44 亿元。

东阿阿胶巨亏的背后，有一组数字不得不让人深思：2006—2018 年，东阿阿胶提价 19 次。2001 年，阿胶块零售价格仅为 80 元 / 千克，而到了 2018 年，阿胶块零售价格涨至 5 996 元 / 千克。涨价虽然有原材料驴皮供应紧张的原因，但仅此一项并不足以导致频繁涨价。

涨价让下游渠道感受到了“难以承受之重”，这样的价格也让用户“高攀不起”，随之而来的就是企业库存积压、增速迟缓。价格调整不能脱离产品本身的价值。如果企业想当然地涨价和拍脑门地降价，那么市场会做出判罚。

由此可见，乱定价会让用户对产品的质量产生怀疑，甚至可能直接影响品牌价值和形象，从而降低用户对企业的满意度和忠诚度，同时有损企业销售渠道，使企业的经销商对产品失去信心，最终使企业失去市场。

乱定价的企业经营者是不折不扣的“疯子”，既吓跑了用户，又伤了经销商的感情，甚至还可能因此触犯法律。企业经营者要舍掉乱定价。

定价过高的是“骗子”

看到这里，可能有人会说：“既然定价过低不行，乱定价也不行，我一开始就给产品定一个高价，岂不一劳永逸？”

答案是定价过高也不行。最典型的案例是 2022 年火爆媒体的“雪糕刺客”事件。

“雪糕刺客”是“天价雪糕”的代名词，是指那些隐藏在冰柜里面的看起来平平无奇的雪糕，它们会在用户结账的时候，通过价格刺激用户。电商平台显示，某品牌每盒 280 克的雪糕，两盒捆绑销售的价格竟然在 2 00 元左右；某品牌 4 支单支规格 75 克的雪糕售价为 60~79.9 元；某知名白酒品牌与雪糕公司联名推出的单支规格 75 克的冰激凌，3 支捆绑售价最高达到 410 元。

雪糕毕竟是大众消费品，原材料不会有太大差别，不同品牌之间价格不应该有这么大的差异。所以，定价大大超出用户预期的雪糕带给用户的感知并不好，引来了无数用户的吐槽——“怎么不去抢钱？”

托马斯·温宁格表示：“在任何市场里，拥有真正权威的都是价值，而不是价格。”所以，低价和高价都不是影响产品销量的决定性因素，价值才是。我们经常能听到“天价”这个词，天价切糕、天价海鲜、天价球鞋……这些产品之所以被冠以“天价”，就是因为定价过高，导致价格超过了本身的价值。

对用户而言，定价过高的企业就是“骗子”，“骗子”最终会失去用户的信任，毁掉自己的品牌。企业经营者要舍掉过高的产品定价。

由此，营销的取舍漏斗出来了，如图 6–2 所示。

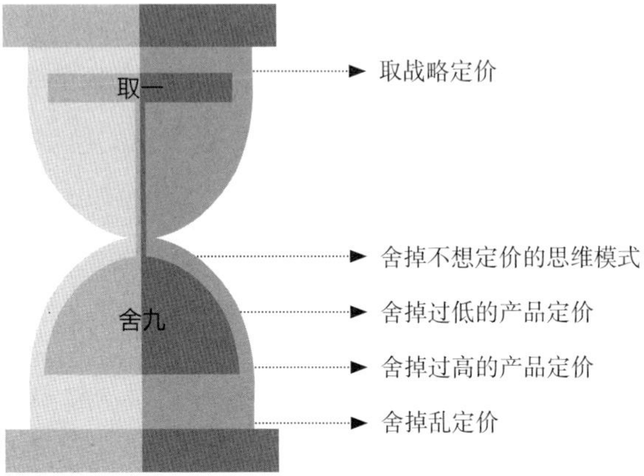

图 6-2　营销的取舍漏斗

战略定价法，定价定天下

定价是技术，更是艺术。产品定价一定要有“真、善、美”的内核。“真”是基于价值；“善”是基于战略定位；“美”是最后的结果。产品的定价一定要让用户接受，让企业有利润空间，这样才能美美与共。

那么，企业要如何给产品定价才更科学呢？

答案是战略定价法。

科学的定价是以第一的战略资源配置倒推出产品价格，这就是战略定价法。

企业通常不会明文规定谁有产品定价权。我在前面的内容中提到，定价是“一把手工程”，企业经营者要有定价权。但有些大型企业可能有成千上万款产品，也就对应了成千上万个价格，企业经营者不可能亲自为每一个产品定价。那么，在战略定价中，企业经营者到底应承担怎样的职责？

以下几点是企业经营者在产品定价上的主要职责（包括但不限于）：

提高对价格重要性的认识；
制定战略和价格定位；
组织系统性的定价过程；
创建预防价格战的文化；
搭建定价委员会；
建立价格纪律。

杰克·韦尔奇非常重视定价。他在担任通用电气首席执行官期间，破天荒地引入了一位负责价格管理的高管，也就是首席定价官。我相信很多企业都有首席执行官、首席财务官、首席技术官、首席运营官、首席营销官，但应该很少有首席定价官，甚至很多人可能都没听说过这个职位。由此可见杰克·韦尔奇对价格管理的重视。不仅如此，他的继任者杰弗里·伊梅尔特也延续了这一创举。首席定价官的加入也的确为企业带来了相应的回报。用杰弗里·伊梅尔特的话说，这一举措带来的收益是超乎预期的。

战略定价模型

战略定价法的逻辑基于四个关键要素，如图 6–3 所示。

图 6–3　战略定价法

基于战略

战略即选择，战略即标准。基于战略和价值创造，如果我们选择的是高端市场，那么企业的产品定价就要高；相反，如果我们选择的是大众市场，那么企业的产品定价就要尽可能低。

基于对手

基于对手定价不是要和对手打价格战，而是要与对手形成错位竞争。

很多企业经营者在定价时，会参考标杆企业和竞争对手的定价，错误地认为只要产品定价比对手低就能打开市场。我们的定价不仅不能比对手低，还要超越对手的定价。因为第一的定价代表第一的价值。一旦我们的产品价格比对手低，就会被对手降维绝杀。所以，我们的产品定价要超越竞争对手，有了第一的定价才会有利润空间。

企业经营者在实践以上方法时，要注意两个重点。

重点一：当竞争对手选择的是价值创新时，我们要用成本领先来“卡位”。

老干妈是一个典型的“卡位”案例。老干妈最畅销的产品是280克的风味豆豉油制辣椒，售价在14元左右。老干妈的其他产品价格大都为7~17元，这导致其他竞争者只能选择7元以下或20元以上的价位。这两个区间要么价格太低，利润有限；要么价格太高，性价比低。老干妈正是通过价格卡位，牢牢占据了最优的价格区间，巩固了自己的垄断优势。

重点二：当竞争对手选择的是成本领先时，我们要用价值创新来“占位”。

如何找到价格区间来“占位”呢？我们可以分为两步：第一步是见缝插针，尽量多地找出其他竞争对手还未占领的价格区间；第二步是对比高性价比的大众路线和高价值的高端路线，从这些价格区间中选取最适合自己的。

基于用户

用户之所以购买某个产品，主要是因为这个产品带给用户的价值大于用户付出的成本。所以，定价要基于用户价值，基于成就用户。企业给产品定高价的前提是要为用户创造不可替代的价值。企业无论采用何等工艺和技术制造产品，其产品都要能给用户提供独一无二的价值。

有一家企业创立26年来只做梳子，却将梳子做到了上市，这家企业就是谭木匠。谭木匠发布的《2021年企业年报》显示，其2021年的营业收入为3.31亿元，净利润为1.08亿元，同比增长36.18%。一把小小的木梳竟然能创造如此高的利润，谭木匠是怎么做到的？

这或许离不开谭木匠创始人谭传华的定价战略。谭传华选择的是高端市场，基于市场定位，谭木匠的梳子与市面上的普通梳子在价格上做了区分——其他梳子只能卖几元、十几元，而谭木匠的梳子动辄成百上千元。

高定价的背后是高价值。谭木匠选用的是最好的材质、最精美的工艺，还将中国传统文化融合在内，使一把小小的梳子超越了日用品的功能，兼具艺术品与礼品的特质，带给用户不一样的体验价值。因此，用户愿意花高价购买一把梳子。

当然，也有人质疑梳子售价高是收割“智商税”。面对外界的声音，谭传华公开表示谭木匠不降价、不打折。谭传华的这份定力，既来自战略，也来自价值。谭木匠为了把梳子做出花样，配备了专门的研发团队，确保梳子不断推陈出新。目前，谭木匠拥有 80 多项专利，2 480 多种款式，是名副其实的“梳子大王”。

先定价再做产品

2016 年年底，小米生态链的负责人刘德分享了小米当时进入手环市场的战略：第一，将手环从小众产品做成大众产品；第二，小米手环的价格不能太高，一定要控制在 100 元以内，降低购买门槛。

这意味着，小米手环在设计和生产之前，就已经确定了 100 元以内的价格。要知道，当时国外手环的价格平均都在 1 500 元以上，小米手环的定价还不足均价的 1/15。为了满足定位的需要，小米手环砍掉了八成花里胡哨的功能，只保留了两成用户最常用的功能。

小米手环最终的市场定价是 79 元。其在上市第一年就卖出了 1 200 万只，仅用一年时间就占领了中国 80% 的手环市场。

小米这招打破了常规。传统的定价思维是先做产品再定价。小米反其道而行之：先定价再做产品。

仔细想想，先定价再做产品的确是一种很好的经营思路，因为这一逻辑可以帮助企业以用户价值为导向，做用户需要的产品。

三大定价策略

以上是从道的层面解释定价的底层逻辑，接下来我将给出具体的方法，从术的层面讲解具体该如何定价。

定价策略有很多种，但归根结底主要有三种，我总结为低价、高价、超高价。

渗透定价策略（低价）

在进入已经被垄断或者一个全新的市场时，企业有时候会采用制定最低价格的方式切入市场，快速获取市场份额。比如滴滴最开始涉足打车市场时，对用户和司机双方都进行了力度非常大的补贴，甚至最开始的时候打车不仅不花钱，还能赚钱，这种极端的低价让别人无法竞争，于是，滴滴很快占领了市场。

不过，企业经营者需要注意，采用低价渗透这一定价策略时，必须满足三个前提条件：

用户对价格高度敏感，低价可以带来用户的快速增长；
随着用户的积累和销量的增加，成本急剧降低；
低价可以减少竞争。

撇脂定价策略（高价）

有一种策略和上面介绍的渗透定价策略正好相反，叫撇脂定价策略。一些掌握核心技术或者拥有行业壁垒的企业为了获取最大的市场利益，通常会采用这种定价策略。但是，这种定价策略也有三个前提条件：

需求很大，有足够多的用户；

即使高成本小批量地生产产品，也能从中获利；

护城河足够坚固，短期内不会有太多因为眼馋高利润而参赛的竞争者。

第一代苹果智能手机采用的就是撇脂定价策略。2007 年，苹果发布第一代智能手机时，定价为 599 美元，按当时的汇率大概是 4 666 元。在当时的智能手机市场，这个价格是非常高的。这样的高价也意味着第一代苹果智能手机拥有高技术门槛，因此购买苹果手机的用户才趋之若鹜。

提高锚定策略（超高价）

最后一种杀入市场的方式是提高锚定权的超高定价策略。这是一种剑走偏锋的策略，是企业在进入极为成熟的红海市场时，为了摆脱竞争对手而采取的一种迫不得已的高风险定价策略。提高锚定权是通过抬高价格、突破竞争对手的认知底线以独占鳌头的奇招。

比如王石代言的 8848 手机，最高定价为 29 999 元，远超市面上其他智能手机的价格。采用这种奇招的前提条件是，市场上有足够认可产品价值且能为此付费的用户。

通过这一章内容，我们知道了什么是战略定价，也学会了战略定价的操作方法。传统的成本定价从企业内部成本结构出发，而战略定价从外部用户的价值出发，基于四个关键要素确定价格。定价后，还要经过多次测试和迭代，最终确定能被用户接受的价格。定价要慎重，方法要科学。错误的定价相当于亲手将自己的产品从用户心里的购买列表中删除。

当你决定了产品售价的那一刻，企业的战略和未来的命运似乎也就确定了。

读书笔记

阅读时间

启迪摘抄

阅读思考 / 企业经营实践

第 7 章

财务的取一舍九

把钱花在用户身上

财务的第一本质是

把钱花在用户身上。

企业经营最大的成本是

经营者决策失误。

决策一失误，

成本增三倍。

企业把钱花在用户身上

才是对的决策。

把钱花在“刀刃”上

在本书的最后一章里，我们将进入一个专业的领域：财务。说它专业，是因为它涉及大量的专业名词以及数据统计、分析与核算等。不过，我不打算用这些复杂的专业知识来增加读者的阅读难度。企业经营者不是要成为专业会计、专业出纳，而是要站在企业经营的角度来看待财务，比如，财务在企业中到底扮演什么角色？企业经营最核心的财务问题是什么？……我们可以通过这些问题，洞察财务的第一本质。

企业的成功首先是财务的成功

苹果采用“轻资产”模式，将产品生产外包给第三方代工制造商，保证企业有充足的现金流，成为全球最赚钱的企业之一；沃尔玛凭借卓越的成本管理和费用控制能力，在激烈的市场竞争中立于不败之地，一直牢牢占据着世界零售行业的头把交椅；丰田汽车利用准时化（Just In Time，简称 JIT）战略，实现以最小的成本获取最大的收益……这些企业的成功，都离不开一个关键要素——财务。

企业的成功首先是财务的成功。如果把经营企业比喻成驾驶飞机，财务数据则相当于驾驶舱仪表盘上的数字，经营者相当于机长，仪表盘必须时刻显示不断变化着的飞机高度、速度、姿势、方向。如果没有仪表盘，机长就不知道飞机现在所处的位置，就无法驾驶。

稻盛和夫在《稻盛和夫的实学：经营与会计》中一针见血地指出："不懂财务，不能成为真正的经营者。"从企业创立的那一刻起，从产品研发、人才选拔、成本投入、市场营销等，到实现赢利、利润持续增长、成为行业第一或中国第一，每一个环节都离不开财务。企业经营者如果不懂财务，不明白财务数据背后的商业逻辑和价值，是经营不好一家企业的。甚至可以说，不懂财务的企业经营者，是在糟蹋钱和机会，他们已经失败了一半。

李嘉诚曾说："企业家必须修炼的一门功课就是，通过财务数字一眼看穿经营风险。"

沃伦·巴菲特曾在股东大会上说："我们所有投资的收益，

都是对企业财务数字深度分析的结果，企业家都要懂得财务管理！”

任正非说：“优秀的首席财务官是能够随时接替首席执行官职位的人。”

窥一斑而知全豹，处一隅而观全局。无论是大企业，还是中小企业，其底层商业逻辑是一样的。企业经营者重视财务、懂财务，才能通过财务数据了解企业的优势、短板在哪里，市场竞争的机会点在哪里，以及企业把钱花在哪里才能以最小的成本获取最大的收益。企业经营者做对每一次决策，才能让企业实现战略意图——成为第一，成为“雄鹰”。

所以，企业要想发展，要想实现战略意图，财务很重要，每一位企业经营者都要先打破认知：重视财务、懂财务、会财务，才能向财务要利润、要发展。

让每一分钱发挥最大价值

成长，就是不断打破旧的认知，重建新的认知。要想打破“企业经营者不需要懂财务”的认知，我们要先解决第一个问题：什么是财务？

站在企业经营者的角度，常见的回答有：财务 = 钱；财务 = 企业经营的“晴雨表”；财务 = 盈利能力……这些回答都没有错，也从侧面形象地反映了财务对企业的重要性。只是，这些回答都没有找到财务的本质。

我们把“财务”拆开来理解。“财”字拆开是“贝”加“才”。古人以贝壳作为货币，所以“财”的第一层意思就是钱财，第二层意思是“才”，是指能够为我们带来“贝”的才能、才智、品格等，放在企业经营里是指“价值”，企业有价值才能赢利。“务”是指工作、公务，放在企业经营里是指“管理”。

“财”“务”两字合在一起可以理解为：让企业的每一分钱都发挥出最大价值的管理。简单地说就是，让企业的每一分钱发挥最大的价值。在企业财务核算里，企业花出去的所有钱统称为“成本”。让每一分钱发挥最大的价值等于用最小的成本产生最大的价值。再简单一点儿，我们可以理解为：成本最小化。至此，我们已经洞察出财务就是成本最小化。

如果读者对此仍有疑虑，不要紧，我们可以通过一个简单的计算来深度洞察这一点。

企业计算利润的公式是，收入－成本 = 利润。在前面的内容里，从战略、价值创造、组织、产品、用户到营销，强调的是企业要通过独一无二的差异化价值成就用户，增加企业收入，让企业价值最大化。企业在增加收入的同时，还要让成本最小化，否则企业收入增加后，成本也随之提高，企业仍然没有利润。

假设一家超市的年销售额是 100 万元，成本是 80 万元，每年可以产生 20 万元的利润。我们可以计算一下，如果收入增加 10 万元，或者成本降低 10 万元，那么到底哪个方案对提升利润的贡献更大？表 7-1 为超市收入增加和成本降低的数据对比。

表 7-1　超市收入增加和成本降低的数据对比

项目	基准（万元）	收入增加 10 万元	成本降低 10 万元
收入	100	110	100
成本	80	88	70
利润	20	22	30

我们从表 7-1 中可以看出，收入增加 10 万元，利润增加 10%，从 20 万元提升至 22 万元。成本降低 10 万元，直接转化成利润提升 10 万元，使利润增加 50%。为什么会产生这样的结果？

这是因为当企业的收入增加时，其需要投入更多的资源。比如，若要实现超市的销售额增加 10 万元，则需要在不提价的基础上多卖出商品，但销售额不会凭空增加，因为多卖出一件商品就多一份成本，随之而来的还有库存成本、营销成本和管理成本，比如需要增加促销员，需要做广告，等等。也就是说，增加的10 万元销售额，并不会全部转化为利润。但是如果成本降低 10 万元，比如在原来的基础上减少促销员，减少在广告上的投入等，也就是所谓的“降本增效”，那么这 10 万元全都会转化成利润。

因此，一家企业要实现利润最大化，就必须对投入要素进行最优组合，以使成本最小化，让每一分钱发挥最大价值。

“刀刃”是为用户创造价值的地方

继续深入洞察：如何让成本最小化？

企业的成本是花出去的钱。石油大王约翰·戴维森·洛克菲勒告诉儿子：“要珍惜自己的每一分钱，要把钱花在实处，让自己花出去的每一分钱都有收益。”俗话说得好,“钱要花在刀刃上”，这形象地指出企业在花钱时，企业经营者该怎么分配资金的投入，其中的逻辑被这一句话概括得淋漓尽致。

现实情况是，大多数企业经营者都懂“钱要花在刀刃上”的道理，他们不懂的是“刀刃”在哪里。

以终为始。要回答这一问题，我们要回到企业经营的本质去寻找答案。企业经营的本质是用户价值创造。

管理学大师彼得·德鲁克说："企业的首要任务就是'创造用户'。"

沃尔玛公司创始人山姆·沃尔顿说："实际上企业只有一个真正的老板，那就是用户。只要把钱花在别处，就能将公司的董事长和所有雇员全部炒鱿鱼。"

企业要把钱花在哪里？答案是，把钱花在用户身上。我们花的每一笔钱都要能为用户创造更多的价值。"刀刃"就是为用户创造价值的地方。把钱花在用户身上，就是财务的第一本质。

如果在研发上投入 100 万元，可以让产品提升 99 分，但要让产品达到 100 分，还要再投入 100 万元。为了这 1 分的差距，企业要增加 100 万元的成本，究竟值不值？这笔钱该不该花？

"该不该花"应该问用户。如果大部分用户，特别是第一用户都不接受，那就不该花钱、不值得花钱，否则会造成产品功能过剩。在前面的内容里，我分享过小米手机螺丝钉的案例，小米为了在螺丝钉上铣小米的标识，要多花费几倍的成本，而这个标识对用户而言没有一分钱的价值。最后雷军坚决地拿掉了这一项成本。

我们一定要注意，如果追求极致的努力不在用户需要的正确方向上，那么花的力气越大，成本越高，此时的投入和努力就越会沦为一种“秀情怀”的噱头，或者是一种无用的“炫技”，抑或是一种盲目的“自我感动”。

要说舍得给用户花钱的企业，胖东来算其中的翘楚。早在1998年，胖东来就开始提供一系列的免费服务：免费打电话、免费熨烫衣服、免费裁裤边、免费维修家电。更绝的是，即使家电不是从胖东来买的，胖东来也会免费维修，胖东来修不了的，就拿去郑州修。如果用户在胖东来没有找到自己想要的商品，胖东来会专门为用户代购商品，不多收一分钱。

胖东来用真心换真心，不计代价地满足用户的需求，使它成为“中国零售业神一般的存在”，成为“中国企业的一面旗子”，在当地，硬生生挤走了实力雄厚的丹尼斯、世纪联华，让沃尔玛六年没开业。

胖东来的经营没有什么不足为外人道的秘诀，“牛鼻子”只有一个：把用户放在第一位，以成就用户为中心，把钱都花在用户身上，围绕着商品和服务真真切切、脚踏实地做到极致，并在时间的累积中实现自我进化，最后形成了正向循环的飞轮效应。

再以我自己为例。工作30多年来，我没有专车，没有专职司机，没有专职秘书，企业的办公场地装修标准是约2 000元/平方米，而企业供用户上课的教室、休闲处装修标准是约1万元/平方米。我们把办公楼里最好的位置、最好的空间都留给了用户，这就是把钱花在用户身上。

把钱花在用户身上，才是财务的第一本质。只有把钱花在用户身上，再100%地投入成就用户的工作中，1分钱才能创造出10分钱的价值，才能实现企业的成本最小化、价值最大化。图7-1为企业成本最小化本质推演示意。

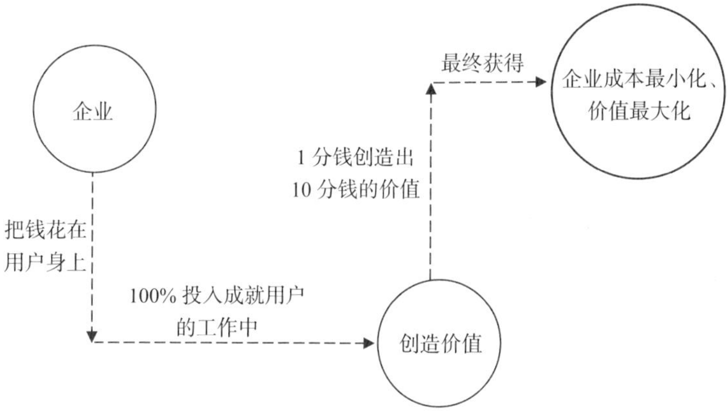

图7-1 企业成本最小化本质推演示意

把钱花在“刀背”上

企业要实现成本最小化，就要把钱花在“刀刃”上，“刀刃”就是为用户创造价值的地方。凡事都有正反两面。如果企业经营者没有洞察财务的本质，或取错了“一”，那么会有什么样的后果呢？

把钱花在“刀刃”上的反面是把钱花在“刀背”上。图 7–2 所示为两者带给企业的不同结果。

花钱不重要，老板“聋哑瞎”

把钱花在“刀背”上的第一种表现是企业经营者认为财务（花钱）不重要，没有财务思维。

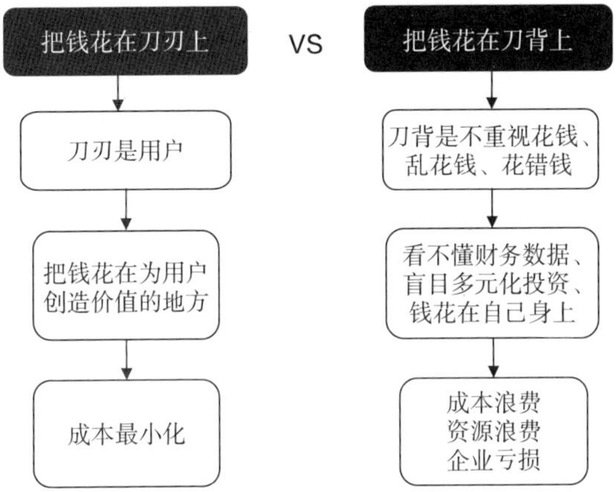

图 7-2　把钱花在“刀刃”上 vs 把钱花在“刀背”上

很多企业经营认为战略重要，用户重要，产品也很重要，但唯独财务不重要；财务是会计和出纳的工作，是首席财务官的工作，唯独不是自己的工作；企业经营者不知道怎么看账，也不知道怎么解读财务报表……最终使自己沦为企业经营中的“聋哑瞎”——听不懂财务工作汇报，说不清企业的利润去哪儿了，看不见企业的各种问题和风险，比如资金损失、财务漏洞、内部舞弊和腐败、税收违法等问题，严重的甚至会让企业资金链断裂和破产。

如果企业经营者对财务漠不关心、浑然不觉，未给予充分的重视，未当作头等大事来抓，企业的财务风险就会像滚雪球一样，越来越大。最后雪崩时，没有一片雪花是无辜的。不重视财务、不懂财务的企业经营者，90% 都面临图 7-3 中的四大问题。

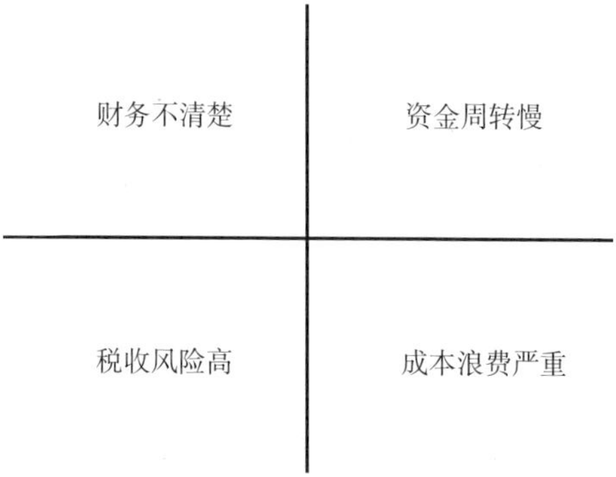

图 7-3　企业经营者不重视财务的四大问题

企业经营者要杜绝财务不规范的现象，因为财务不规范危害极大。很多企业经营者认为企业的钱就是自己的钱，自己可以随意支取；有的企业聘请的财务人员不专业，导致财务报表不规范，无法将收入、成本、利润、折旧等财务数据真实准确地反映出来，从而使企业面临现金流断裂的风险。

作为一位企业经营者，经营能力决定管理能力，管理能力决定财务能力，财务能力决定盈利能力，盈利能力决定企业价值的大小。一家企业的价值与企业经营者的财务能力成正比。

很多中小企业经营者之所以不重视财务或不懂财务，是因为财务是数据，财务的基础是极致理性，是一种数学思维。人性中的懒和怕麻烦，会让我们懒得计算、懒得思考、懒得学习。

企业利润计算公式：10（收入）– 8（成本）=2（利润）。很多企业在创业阶段是亏损状态，企业的利润是 10–13=–3。很多企业经营者认为现在企业规模小，还没有形成核心竞争力，并且因为收入低，所以亏损，等企业发展起来，有了核心竞争力，收入从“10”变成“20”“40”“100”“1 000”的时候，企业就能赢利。这是很多中小企业经营者在财务上的思维方式：等企业做大后，收入增加了，企业就一定能赢利。

现在我要打破这个“幻想”，残忍地告诉大家：“不一定能赢利”。李嘉诚说：“赚钱不费力，费力不赚钱。”这句话的核心意思是“会者不难，难者不会”。企业之所以不赢利，核心原因是企业经营者在财务上的思维方式出了问题。当企业规模小时，更好管理，更好聚焦，这时如果企业都没有赢利，说明企业的赢利模式出了问题。赢利模式来源于企业经营者的思维方式。当企业经营者的思维方式没有改变时，企业做得越大，亏损得越多。

“我”是一切的根源。今天企业的一切问题，不是财务总监的错，不是员工的错，而是企业经营者自己造成的，一切根源全在自己。“我”是一切的根源。你的思维方式决定你的行为模式，你的行为模式又决定事情的最终结果。

乱花钱，老板是“败家子”

把钱花在“刀背”上的第二种表现是企业经营者乱花钱，盲目进行多元化投资。

有的企业经营者在企业现金流比较充裕的时候，没有把钱花在提升用户价值的主营业务或产品上，而是选择了投资房地产、银行、证券、金融等，一旦遇上市场大环境萧条，银根紧缩，企业的资金链马上就会断裂。

乱花钱的企业经营者是“败家子”，迟早会把企业“败光”。关于多元化经营给企业带来的诸多问题，我在前文中已经反复强调，这里不再赘述。无数行业“雄鹰”都在多元化上踩过坑，以至于后面要花费数倍的成本来填坑。如果我们的企业还处于中小规模，处于创业和发展阶段，资源有限、能力有限，最重要的是资金也有限，那么一旦掉进多元化的坑里，很可能再也爬不起来了。

企业经营者要舍掉高库存。为什么会有库存？核心原因是企业经营者没有聚焦在战略大单品上，没有在产品上做到“一米宽，万米深”。当企业经营者在产品上不聚焦，没有与竞争对手进行区隔时，企业就没有任何竞争力。最终，企业生产出来的不是商品，而是库存，因为它们根本卖不掉。舍掉库存最好的方法是以用户为导向，先有订单再生产，先有市场后工作。

企业经营者要舍掉高额应收账款。产生应收账款的核心原因是产品没有竞争力，只能靠赊销来抢夺市场，最后货发给了用户，钱却收不回来。企业经营者一定要知晓一个逻辑：我们是靠专业赚钱，不是靠垫款赚钱。只要我们做好产品的价值创造，把品质做到第一，把用户价值做到第一，自然会吸引第一用户，这就是“你若盛开，蝴蝶自来”。反之，如果我们无法为用户提供独一无二的价值，最后只能靠赊销来吸引用户，这就会产生高额应收账款。

企业经营者要舍掉高固定资产。当企业规模不大时，企业经营者不要把钱花在固定资产上，因为这样会改变企业的成本结构。经营企业，一定要先有用户，先有用户价值，先有订单和收入，再逐渐有固定资产。当企业处于创业阶段或规模不大时，企业经营者可以用外包或者租赁的方式来办公。企业规模越小，越要把钱花在刀刃上，花在真正为用户创造价值的地方。

企业经营者要舍掉高利贷。无论遇上什么困难，企业经营者都不应该依靠高利贷来维持企业的经营。如果资金实在周转不开，企业经营者可以选择用股权融资的方式来解决资金问题。

企业经营者要舍掉没有把钱花在用户身上的所有成本。其包括舍掉不能成为第一的战略成本；舍掉不能为企业创造独一无二的价值的成本；舍掉不能成就用户的组织成本；舍掉不是打造第一产品品质的成本；舍掉不是第一用户的服务成本；舍掉营销成本。如何让成本最小化？答案是企业经营者做对第一决策，把钱花在用户身上，持续创造不可替代的用户价值。

只有当你对 1 000 件事情说不的时候，你才会成功，才会静下心来做好你自己的事情。纵观整个商界，世界 500 强企业大多是在一个行业耕耘，生根发芽，逐渐成为行业的冠军或隐形冠军。

花错了钱，成本增三倍

把钱花在“刀背”上的第三种表现是花错了钱。

很多企业经营者不知道把钱花在哪里才是正确的。没有目的地花钱、乱花钱的企业经营者就是“败家子”，迟早会把企业“败光”。企业经营者之所以会花错钱，核心原因在于企业经营者的“花钱三难”（详见导言）。

为了破解“花钱三难”，企业经营者最常采用的做法是控制成本。企业有三大成本——固定资产、应收账款、库存，这是企业成本的“三座大山”。为了翻过这“三座大山”，企业经营者会选择砍掉一些费用成本，开源节流。

看到这里，请读者回忆一下前面的内容：成本就是战略，降低成本就是降低标准，降低标准意味着降低资源配置，带来的后果是“杀”掉了战略和用户。

这意味着，企业经营者要破解“花钱三难”，盲目降本是一种错误的思维和方法，治标不治本。我们可以换一种角度思考：成本的“三座大山”来自哪里？答案是来自企业经营者的错误决策。比如，因为产品没有核心价值，没有让用户非买不可的理由，所以产品滞销，变成了库存。为什么产品没有核心价值？因为企业经营者在企业的核心价值上决策失误，没有找到差异化价值点。固定资产和应收账款也是同样的逻辑。

接下来给大家分享一个一位著名的企业经营者因为一次决策失误而“九死一生”的故事。

2007 年，农夫山泉发展得如日中天。农夫山泉董事长钟睒睒在一次考察中发现江西赣州脐橙长势喜人，便决定在那里建果园、盖工厂、种橙子、卖果汁，雄心勃勃进军农业。

然而，当厂子建好后，问题来了：果树容易受到低温气候影响，这就导致脐橙产量低、果质差；因为工厂建在偏远地方，用水、用电成本高昂，而且人力、物流成本居高不下；因为脐橙含有大量柠檬苦素前体物质，加工后会转化成柠檬苦素，使果汁口感苦涩，市场接受度不高。

这些事实无不证明钟睒睒的决策失误了，这一失误导致农夫山泉每年在农业领域亏损超过 2 000 万元，到 2018 年仍处于亏损状态。“看起来不过是一个橙子、两瓶果汁，农夫山泉却为此走了非常多的弯路，几乎可以用九死一生来形容。”这是钟睒睒在决策失误后的肺腑之言。为了“把错的事情做对”，钟睒睒用了 10 年的时间，从橙子的育种开始，到种植、采摘、生产、运输的每个环节，事无巨细，一点点进行现代化、科技化、标准化改良，耗费了大量的心血和资金。

庆幸的是农夫山泉“家大业大”，即使钟睒睒踩了“坑”，也有能力把“坑”填平，重新上路。不过即使这样，企业也经历了九死一生。大企业尚且如此，遑论中小企业。中小企业没有“试错”的机会，一旦错了，数年的心血将全部付诸东流。

企业经营的过程，其实就是经营者不断做决策、取一舍九的过程。什么该做？什么不该做？应该取什么？应该舍什么？决策不对，成本增三倍；取舍不对，努力白费。企业经营者要舍掉错误的决策。业财一体，因果循环。企业业务就是“财”，今天在财务上暴露出来的“恶果”，都是企业经营者昨天在经营管理上种下的“因”。

如图 7–4 所示，“我”是一切的根源。企业最大的成本源于企业经营者的决策错误。企业经营者在战略上取错了方向，没有

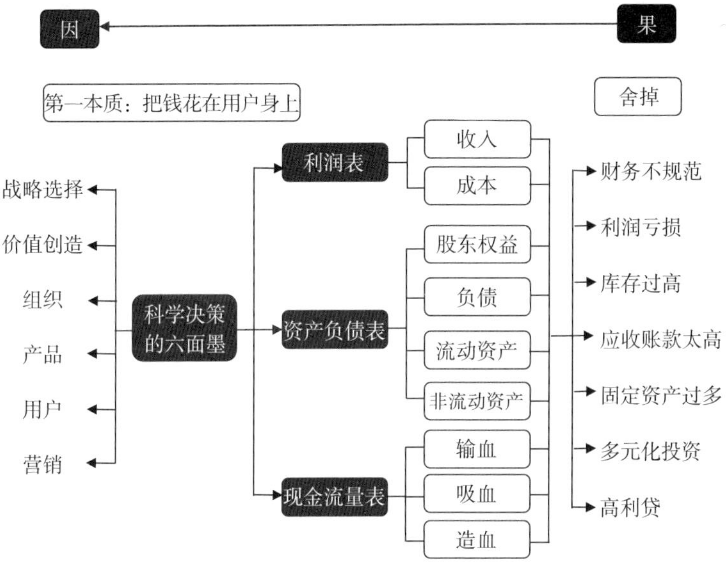

图 7-4　业财因果循环

选择第一标准，导致企业只能成为“苍蝇”；企业经营者在价值创造上取错了用户的价值点，导致企业没有核心竞争力；企业经营者在组织上搭建的是以自我为中心的组织，导致组织臃肿、工作低效；企业经营者在产品上专注于“挖沟”而不是“钻井”，没有把产品品质做到第一，导致产品销售不出去，产品销售不出去就会导致企业库存上升，应收账款上升；企业经营者在用户上没有成就用户，没有找到第一用户，导致用户服务成本高；企业经营者在营销上以量取胜，导致高营销成本……这一切又会反过来拉升企业整体成本。

企业经营者的每一个决策都会产生链式反应。企业的每一个环节都会占用资源，如果决策不当，企业现金流就会不足。为了维持企业正常运转，企业经营者不得不去借款，最后形成恶性循环。所以，企业经营者一定要懂财务。

财务的取舍漏斗如图 7-5 所示。

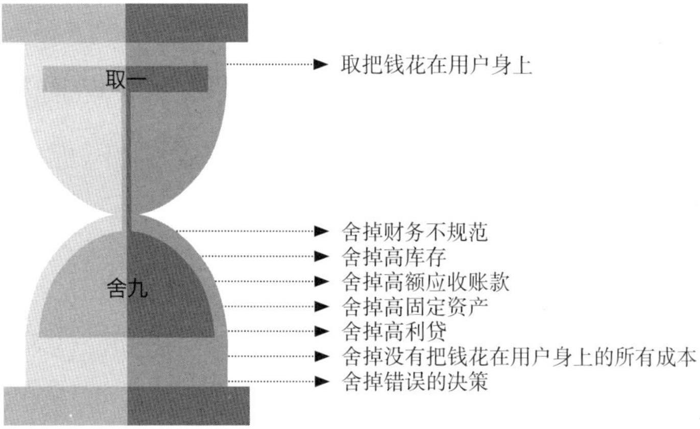

图 7-5　财务的取舍漏斗

检测系统，成本最小化

企业经营者要通过检测系统——利润表、资产负债表、现金流量表（如图 7–6 所示），对数据追根溯源，回到前面提到的企业经营的六个模块，从中找到本质原因，校正自己的决策，把决策一次做对。这是一种靶向思维。

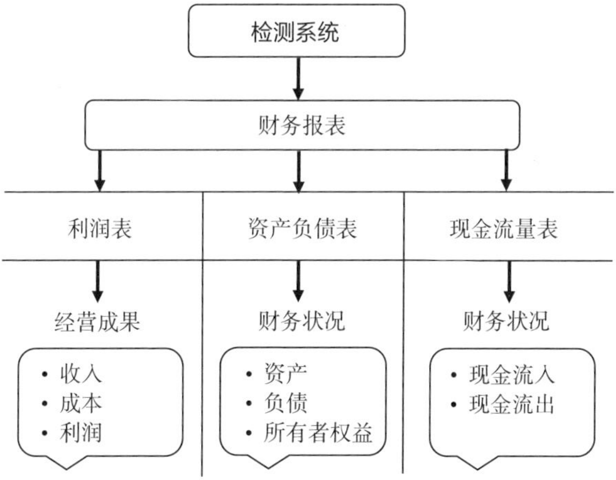

图 7–6　企业经营的“检测系统”

企业经营的“检测系统”能够识别企业在经营、发展中面临的主要矛盾，为解决主要矛盾提供有价值的思路，并且在后续解决问题的过程中密切跟踪、及时反馈，通过财务数据、财务指标的变化掌握问题解决情况。

如果把抽象的数据转化成具体的形象，我们就可以把企业比作人体，把利润表比作肌肉，把资产负债表比作骨骼，把现金流量表比作血液。

肌肉难在精干。人不能“虚胖”，“虚胖”通常反映的是亚健康状态，利润表也是如此。有的企业的销售额很高，但剥去成本和各项费用后，利润所剩无几，企业甚至还会出现亏损。这样的利润表就是“看上去很美”，实则风险很大。

骨骼贵在强健。人们总是希望个子高一点儿，其实，比起高大，强健更重要。企业如果一味通过高额负债扩充资产规模，最后可能导致骨质疏松，一碰就散。一旦外部环境发生变化，财务危机就会出现。

血液重在流动。流动的血液是维持生命的关键，健康的现金流则是维持企业运转的关键。企业要想“活下去”，最重要的事情就是做好现金流管理。

企业的经营管理是否健康，我们通过这三张表就可以一览无余，相当于通过数据指标为企业做了一次“体检”。

请不要担心读不懂。如果你没耐心看完，就说自己看不懂财报三张表，那就是你的错；如果你耐心地看完了，还看不懂财报三张表，那就是我的错。

利润表

企业经营者要看的第一张财务报表是利润表。

“春种一粒粟，秋收万颗子。”利润表反映的是企业某一段时间的经营成果，表示的是一家企业的盈利能力，也就是赚钱能力。利润表也是企业某一段时间经营管理的“绩效成绩单”，很多企业都将此表中的收入、成本或利润作为企业绩效考核的重要依据。

重点看

企业经营者在看利润表时，重点看四个关键指标，即收入、毛利润、营业利润、净利润。

收入

收入代表企业的规模，收入越高，企业的规模越大，在行业中的市场占有率越高。

以贵州茅台的2022年三季度利润表为例，其营业总收入分为营业收入、利息收入、已赚保费、手续费及佣金收入四类（见图7-7）。为了让投资者更直观地看到企业的营收状况，最后一列为上一年同期数据。

合并利润表

2022年1—9月

编制单位：贵州茅台酒股份有限公司

单位：元　币种：人民币　审计类型：未经审计

项目	2022年前三季度（1—9月）	2021年前三季度（1—9月）
一、营业总收入	89 785 880 318.36	77 053 154 965.96
其中：营业收入	87 160 232 759.05	74 642 203 802.55
利息收入	2 625 647 559.31	2 410 951 163.41
已赚保费		
手续费及佣金收入		
二、营业总成本	27 890 886 105.75	24 071 862 683.13
其中：营业成本	7 082 313 332.56	6 574 930 241.80
利息支出	83 063 555.48	123 887 217.81
手续费及佣金支出	608 282.50	532 815.58

（续表）

项目	2022 年前三季度（1—9 月）	2021 年前三季度（1—9 月）
退保金		
赔付支出净额		
提取保险责任准备金净额		

图 7-7　贵州茅台 2022 年三季度利润表截图

此外，企业经营者还要通过收入看企业的增长率。

如果企业的营业收入增长率大于 10%，说明企业成长快，发展势头良好，企业经营者的大部分决策都做对了；

如果企业的营业收入增长率为 5%~10%，就表示企业处于稳定期，成长速度较慢；

如果企业的营业收入增长率小于 5%，就说明企业处于衰退期，业务量在萎缩，需要提升竞争力。

毛利润

企业计算毛利润和毛利率的公式如下：

毛利润 = 营业收入−营业成本

毛利率 = 毛利润 / 营业收入

这里的成本指的是直接材料成本、直接人工成本和制造费用。看毛利率时，不仅要关注数据，还要关注历年变化，毛利率越高，说明公司的产品溢价越高。

比如贵州茅台 2022 年三季度财报显示，其毛利率达到 91.87%（见表 7–2），充分体现了茅台产品的品牌力和稀缺性。

表 7–2　贵州茅台 2022 年三季度财报

项目	2021 年三季度	2022 年三季度	同比增幅
营业总收入（元）	770.53 亿	897.86 亿	16.52%
归母净利润（元）	372.66 亿	444 亿	19.14%
扣非净利润（元）	373.57 亿	443.93 亿	18.84%
毛利率	91.19%	91.87%	0.75%
净利率	53.02%	53.14%	0.22%
三费占营收比	8.73%	7.76%	−11.06%
每股净资产（元）	138.79	164.55	18.56%
每股收益（元）	29.67	35.34	19.11%
每股经营性现金流（元）	29.26	7.49	−74.41%

一般来说，当毛利率大于 40% 时，说明产品拥有核心竞争力，这也从侧面反映出企业经营者做对了产品和价值创造的决策。如果毛利率低于 40%，但成本控制得非常好，那么企业也有竞争力。比如海天味业的毛利率在行业内并不是第一，但是凭借极

低的成本费用控制，其归属母公司所有者的净利润的行业排名连续多年第一。

企业的毛利率波动幅度应小于 10%，这样的波动是在正常区间内的。如果企业的毛利率像坐过山车一样忽高忽低，就要警惕了，比如第一年毛利率是 10%，第二年毛利率激增到了 30%，第三年毛利率又降到了 5%，这只能说明毛利率被人为操控了，并没有真实反映出企业的经营状况。

营业利润

营业利润的计算公式：

营业利润 = 毛利润–运营成本

营业利润是利润表上最重要的指标之一，持续提高的营业利润和营业利润率代表企业蒸蒸日上、赚钱能力不断提高。

营业利润并不是都来自营业收入，还包括利息收入、投资净收益和各种补贴的其他收益等。一般来说，主营业务利润占营业利润的比重应是最高的，因为只有这样才能保证企业在经营活动中有较强的竞争力。

净利润

净利润指的是企业税前利润中扣除所得税后的余额，它代表企业的总盈利能力。

一看到净利润这三个字，很多人会想当然地认为这就是企业最终赚到的钱。大错特错！净利润代表的是盈利能力，而不是赢利。这个指标通常要与现金流量表中的经营活动现金流结合起来看。

净利润 > 经营活动现金流，收入质量较低；
净利润 < 经营活动现金流，收入质量较高。

所以，净利润高不见得是件好事，净利润低也不一定是件坏事，是好是坏，要与经营活动现金流进行对比。很多成功的企业对现金流的重视大于对利润的重视，亚马逊就经常故意把净利润做低，以保持较好的现金流。

分析看

我们看了利润表四大重点指标，接下来，我们还要对利润表进行分析，根据分析做对决策，把钱花在为用户创造价值的地方。

企业经营者在看利润表时，要着重分析两个方面。

净利润

利润表的最终结果是“净利润”。净利润代表一段时期内企业经营的最终财务业绩。影响净利润的因素有很多，比如销售收入、经营成本、投资损失等。企业经营者要带着问题看利润表，从数据发现问题，从数据中找到原因，进而掌握企业的经营现状。

净利润还有一个重要作用，那就是可以对企业进行估值。市盈率越高，企业的估值就越高，而市盈率就是以净利润为基础计算的。

判断企业盈利持续性的标准

“利润的来源比利润本身更重要”，这句话的意思是，我们今天获得的利润有多少不重要，重要的是利润来自哪里，能不能持续获得利润。只有企业的主营业务带来的利润才是“活水”，其他非经常性损益带来的利润是不可靠的，也是不可持续的。

关于企业盈利持续性的问题，是否亏损的企业持续盈利能力就比较差？实际上并不是。有的企业本身的主营业务很好，技术能力很强，但某一年因意外事件遭受了损失从而导致本年度亏损，针对这种情况，我们并不能就此断定该企业的持续盈利能力差。

可口可乐第二任董事长伍德鲁夫有一句名言："假如我的工厂被大火毁灭，假如遭遇世界金融风暴，但只要有可口可乐的品牌，第二天我又将重新站起。"这句话的原意是可口可乐的品牌价值很高，市场竞争力强。但我们也可以从另一个角度理解，即企业的持续经营能力、持续盈利能力不完全体现在财务报表中，评估企业持续盈利能力时还需要考虑表外因素。

应该从哪些方面来评估企业的持续盈利能力呢？我们可以问自己以下四个问题。

第一个问题：企业的收入、利润是否严重依赖有重大不确定性的用户？

比如企业订单都来自同一个用户，虽然这笔订单可以为企业带来不小的利润，但是企业对用户的依赖程度太高，一旦这个用户有变，整个企业的收入和利润也会随之发生变化。因此，如果企业不具备开拓其他用户的能力，也就不具备持续盈利的能力。

第二个问题：企业的净利润是否主要来自主营业务收入？

净利润来自投资收益或其他非经常性损益的企业，持续盈利能力偏弱。

第三个问题：企业是否面临产业政策或技术标准变化后被淘汰的风险？

政策是企业发展的风向标。比如现在全球推行节能环保政策，那些高耗能、高污染的不符合节能减排要求的企业，必然会被逐步淘汰。即使企业现在利润还不错，但如果企业不及时转型发展的话，后续盈利能力一定是大打折扣的。

第四个问题：企业重要商标、专利、专有技术等是否存在重大纠纷或瑕疵？

科学技术是第一生产力，自主创新是第一竞争力。如果支撑企业发展的技术、专利、商标等与其他企业存在纠纷，势必会影响企业的发展。如果企业败诉了，很可能会造成釜底抽薪的局面，企业从此一蹶不振，赢利也会戛然而止。

资产负债表

企业经营者要看懂的第二张财务报表是资产负债表。

资产负债表是反映企业在某一特定日期（如月末、季末、年末）全部资产、负债和股东权益情况的财务报表，是企业经营活动的静态体现。企业经营得好，那么资产负债表中的数字就会呈现出良性变化，如资产不断增加，所有者权益也不断增加，资产质量不断提升，负债率控制在合理范围之内，等等。

企业的资产负债表相当于一棵树的截面，通过这个截面，我们可以检测出：

企业是否“贫血”；
账面的现金是否短缺；
企业的“新陈代谢”是否正常；
资产的变现能力和流动性是否正常；
存货和应收账款的周转速度是否过慢，营运周期是否过长；
企业的债务负担是否“超重”，欠银行、供应商的钱是否太多。

重点看

资产负债表的基本公式：

总资产＝负债＋股东权益

我们通过公式可以看出，资产负债表由股东权益和负债组成，反映的其实是“钱从哪里来”和“钱花到哪里”。

下面，为了降低大家的阅读难度，我用一张图展示，让大家秒懂资产负债表，如图 7-8 所示。

资产	负债
左边：资金的占用 （资金以什么形态存在）	右边：资金的来源 负债：欠别人的钱
货币资金：钱放在银行 应收账款：资金被客户占用 预付账款：资金被供应商占用 存货：资金被原材料、半成品库存商品占用 长期股权投资：资金被用来投资 固定资产：资金被厂房、车辆、设备等占用 无形资产：资金被研发占用 在建工程：资金用于工程建设	短期借款：欠银行的钱 应付账款：欠供应商的钱 预收账款：欠客户的钱 应付职工薪酬：欠员工的钱 应交税费：欠税务部门的钱 所有者权益：自有资金 实收资本：股东投入的资金 资本公积：股本溢价或资本增值 盈余公积：从净利润中提取并累积的钱 未分配利润：经营净利润累积下来的钱

图 7-8　秒懂资产负债表

如果图片看起来比较抽象的话，我再举一个例子来帮助大家更好地理解资产负债表。

比如张总自己有 100 万元，打算创办一家企业，钱不够，又到银行借了 50 万元，这时企业的账户上一共有 150 万元，其中张总自己的 100 万元是货币资金，属于资产，从银行借的 50 万元是借款，属于负债。

资金到位后，张总开始找场地、买设备、买原材料、招人，一共花了130万元。万事俱备之后，工厂开始生产产品，生产出成本总额为40万元的存货。接下来开始销售产品，张总将成本共10万元的产品以20万元的价格卖给客户一，且收到了现金；又将剩下的成本共30万元的产品以60万元的价格卖给客户二，应收账款60万元。此时，张总的存货全部卖完了，营收为80万元，减去40万元的产品成本，赚了40万元。

这40万元要依法纳税，按照税费2万元计算，企业最后的利润是38万元。

通过这个简单的例子，我们看清了一家企业的资产负债表的构成，也清楚地看到了资金从何处来、到哪里去的过程。

分析看

企业经营在看资产负债表时，要着重分析三个方面。

看企业竞争力

企业的竞争力就是话语权。竞争力越强的企业，在产业链的上下游就越有话语权，体现在资金上就是应付预收和应收预付。

应付预收是应付账款、应付票据、预收账款、合同负债四个科目之和。应付预收字面意思是应该付给别人的钱没有付，但是钱或者产品先拿来使用了。

应收预付是应收账款、应收票据、其他应收款、融资合同资产和预付账款五个科目之和。如果说应付预收是别人主动“巴结”你，应收预付就是你主动“巴结”别人，在没有收到钱的时候就提前“免费”让别人使用自己的钱或者产品。

企业竞争力 = 应付预收 – 应收预付。如果得数为正，说明企业有良好的信誉和竞争力，在上下游有一定的话语权；如果得数为负，说明企业的竞争力较弱，在上下游处于弱势地位。

看产品竞争力

产品的竞争力与供需有关。竞争力强的产品，求大于供，不愁卖不出去，不愁回不了款；竞争力弱的产品，供大于求，经常处于滞销，为了把产品卖出去，企业不得不放低姿态，答应各种“不平等条约”。

产品竞争力与应收账款、合同资产和资产总计这三个指标紧密相关，计算公式如下：

产品竞争力=（应收账款+合同资产）/资产总计

这个数值如果小于3%，表示只有不到3%的钱没有收回来，说明产品竞争力很强，回款能力强；如果数值大于15%，而企业的销售毛利率小于15%，就说明产品的竞争力太弱，企业根本不可能赚钱，“爆雷”的可能性非常大。

看资产负债红线

负债对企业是好是坏，很难一概而论。有的人通过负债“借鸡生蛋”，撬动资金杠杆，使企业越做越大，就像上文案例中提到的张总，如果没有借银行50万元，企业就创办不起来，也就没有后面赢利的事了。但有的人盲目举债，导致负债过高，最后硬生生拖垮了企业，使企业掉入深渊。

作为企业经营者，要想理性对待负债，数据是最好的参照物。资产负债率的公式如下：

资产负债率=总负债/总资产

如果资产负债率高于60%，意味着企业存在较大的债务风险，这时一定要勒紧裤腰带，不能再有负债了。而且，60%的资产负债率也是金融机构愿不愿意给企业提供融资的红线。如果高于这道红线，企业很难从金融机构借到钱。

现金流量表

企业经营者要看懂的第三张财务报表是现金流量表。看懂现金流量表的目的是清楚地掌握企业赚到的钱在哪里，以及以什么形式存在。

现金流比利润重要10倍。沃伦·巴菲特有一个形象的比喻：现金流是氧气。利润亏损的企业在短时间内不会死亡，但现金流断裂的企业会立刻死亡。在商业领域，企业持有足够的现金储备的最大作用是抵抗风险。当企业遇到困难时，现金储备在一定程度上能避免企业倒闭，使企业跳出困局。

2021年，“双减”政策落地，一大批培训机构仓皇退场，其中有欠薪的，有不退学员学费的。而作为教培行业“老大”的新东方此时保留了“老大”的体面，不仅退还了学员的学费，支付了员工的工资和补偿金等共计200多亿元的费用，还将用不上的8万套桌椅捐给了乡村学校。

在别人都替新东方捏把汗的时候，俞敏洪和他的团队出现在了直播间，转型直播电商，并取得了不俗的成绩。

体面地离开需要底气，转型也需要底气，而带给俞敏洪底气的，就是“账上有钱”。

手里有钱，心里不慌。为了保持一定的现金流，俞敏洪曾定下规矩：不管企业的规模多大，支出不能超过预存现金的 30%，账面上的余额必须能够随时随地支撑所有学生的学费和员工的工资，而且一定不能把预收款当成现金流。当时很多人不解，钱白白躺在账上多可惜，得损失多少利润。但当风险来临时，这个规矩救了新东方。

新东方财报显示，截至 2022 年 8 月 31 日，新东方持有的现金及现金等价物为 11.04 亿美元，短期投资 20.9 亿美元。新东方的现金流依然十分充裕，用俞敏洪的话说：“不论是素质教育还是托管中心，都试试，看哪种能跑通，反正新东方账上还有钱。”

重点看

现金流的计算公式为：

$$现金流 = 现金流入 - 现金流出$$

企业每分每秒都在花钱，这意味着现金每时每刻都在流出，如果现金流入没有超过现金流出，负向现金流就会出现。这时，企业就会死于现金流断裂。为了防止这种情况发生，我们要盘点现金流有哪些入口。

企业现金流有三大“入口”：经营现金流、投资现金流、筹资现金流。

第一个入口：经营现金流

经营现金流是指企业销售产品后从用户处收到的现金；经营现金支出是指企业采购、发放薪酬和缴纳税金等支付的现金。

企业经营活动相当于“造血”。当企业经营活动现金净流量大于0时，这说明企业主营业务发展正常，这个数值越大，说明企业自身的“造血”能力越强。只有当经营现金流为企业源源不断、生生不息地“造血”时，企业整个经营系统才能良性运转。

企业经营者要注意经营活动现金净流量占总体现金净流量的比例，它反映的是企业的现金收入结构是否合理。只有依靠主营业务创造用户价值的企业才能持续发展。

第二个入口：投资现金流

投资现金流是指分红或退出投资收到的现金；投资现金流出

是指企业投资子公司和固定资产支付的现金。

企业投资活动相当于“献血”。一般来说，当企业需要快速扩大市场份额时，就需要对内扩大投资或者对外进行并购，这时投资活动现金净流量小于0；但如果投资量过大，甚至超过了企业主营业务的经营活动现金净流量，有时还要依靠外部的股权融资或债权融资填补资金空缺，企业就会处于“失血”状态，这是非常危险的。

第三个入口：筹资现金流

筹资现金流是指企业向银行借款或获得股东增资收到的现金；筹资现金流出是指分红和归还借款本息支付的现金。在企业处于创业初期或高速发展时期，筹资活动现金净流量大于0，这时企业需要融入大量资金，形成生产能力，开拓市场，其主要资金来源就是债权及股权融资。

企业筹资活动相当于“吸血”。因为借贷产生的高额利息马上就会转为成本，直接导致企业的亏损更大。为了弥补亏损，企业经营者不得不继续借钱……如此循环往复。所以，表面上借贷是为企业“输血”，实际上是债权方在“吸”企业的血。高利贷是“魔鬼之门”，君不见有多少人辛苦经营大半生的事业，最后死于这个“吸血鬼”之手。

综上所述，表面看企业有三个现金流入口，事实上，只有第一个入口才是可持续的。因为第一个入口是靠用户为企业“造血”的，这就是为什么我要在书中反复强调成就用户。任何一家企业一旦离开了用户，企业最良性的现金流入口就没有了。这就倒逼我们不仅要为用户创造价值，而且要为用户创造终身价值。

对企业来说，要多关注自己的“造血”功能，如果自身“造血”功能不足，且没有外部“输血”（筹资）时，千万不能不顾自身安危“献血”（投资）。

利润表告诉我们，企业赚到了利润，但赚到的只是账面上的数字，并没有真正拿到钱。因此，判断企业的经营成果时只看利润表还不够，还要看现金流量表，我们既要做有利润的现金，也要做有现金的利润。

分析看

企业处处都要用钱，企业经营的过程就是资金流转的过程。企业经营现金流循环如图 7–9 所示。

我们从图 7–9 中可以看出，经营收益是企业上一轮生产经营活动的终点，也是新一轮经营活动的起点，所以经营收益至关重

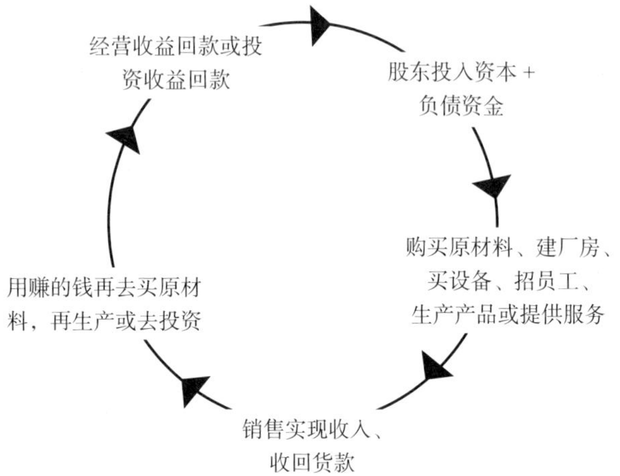

图 7-9 企业经营现金流循环图

要，直接关系到资金链是否会断裂。而经营收益可以从销售收入中看出端倪，一旦销售收入大幅减少，企业经营者就要警惕现金流问题。

那么，如何判断企业现金流是否出现了问题呢？我们要重点关注两个方面。

看现金净流量

现金净流量为正，说明企业有“余量”；现金净流量为负，说明入不敷出。当现金流存在缺口时，我们就要追问：是销售收入下降导致的，还是应收账款迟迟没有回款导致的？如果是销售增长缓慢导致的现金流缺口，那么我们要继续追问：什么时候能得到改善？如果不能改善，资金缺口会不会继续扩大？会扩大多少？企业所能承受的范围有多大？

我们通过一个流程图来展示这种资金短缺预测的思路，如图7-10所示。

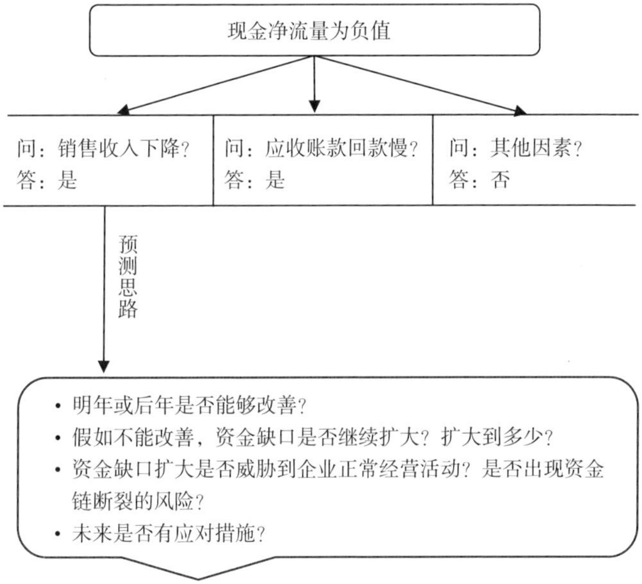

图 7-10 从现金流问题出发预测未来情况的思路

看增长潜力

企业的增长潜力很大程度上来自企业用于投资的钱占净收入的比例。计算公式为：

企业的增长潜力＝（购买固定资产、无形资产和其他长期资产所支付的现金）/ 经营活动产生的现金流量净额

现金流量表中的科目“购买固定资产、无形资产和其他长期资产所支付的现金”就是企业购建三产所花的钱。将它与主营业务赚到的现金做比较，我们可以判断出企业是否在保证主营业务良好稳定地发展。

如果比例小于 3%，这就说明企业当年没有把主营业务赚到的钱再投入主营业务的发展，而是将主营业务赚到的钱用于其他地方，这就无法保证下年主营业务能够持续发展，企业的持续盈利能力就要打个问号。

如果比例大于 60%，说明企业把当年赚到的钱全部投资在主营业务的扩张上，这就会导致投资过于激进，也不利于企业发展。

比例为 3%~60%，说明企业既有足够的增长潜力，也没有停止发展，是有竞争力和生命力的企业。

通俗地讲，企业经营者管控现金流就是管理进来的钱和出去的钱，总体原则如下：

进来的钱进得多一点儿，快一点儿；
出去的钱出得慢一点儿，少一点儿。

企业经营者要把“以现金为基础”放在中心位置，不能等财务人员花了许多时日做出结算表后才明白钱花在了哪里；要时刻关注企业的现金流，根据手上确凿无疑的现金来执掌经营之舵。

最后，我建议企业经营者在看这三张财务报表时，要“戴”上“显微镜”和“望远镜”。通过“显微镜”，我们可以对数据抽丝剥茧，及时发现数据背后的风险，从而使企业保持良好的财务状况；通过“望远镜”，我们可以跳出自身企业的局限，看到行业及市场的信息，从而更好地做财务战略规划。“显微镜”能让我们见微知著，“望远镜”能帮我们登高望远。

最后，我想分享洛克菲勒曾经说过的一段话，与各位企业经营者共勉：“并不是每一个对数字敏感的人都会成为优秀的老板，但是，优秀的老板会牢牢把握企业的数字。相反，使企业倒闭的经营者几乎都是数字盲。”

读书笔记

阅读时间

启迪摘抄

阅读思考 / 企业经营实践

后　记

大道至简　九九归一

最后，有一段必不可少的文字我想写在这里。

在我写作这本书的日日夜夜里，我常常被一种难以言表的情绪淹没，我似乎看到一个谁也不愿意承认的事实离我们越来越近：中国的企业经营者不缺勤奋，缺的是高效经营企业的思维和方法。

我看到诸多企业经营者，几乎个个都是“劳模”。他们不仅富有创新精神，更有大家想象不到的勤奋——几乎是几十年如一日地自律。他们总是希望用更多的时间和精力做更多的事，从而让自己的企业实现可持续发展。于是，一个典型的场景出现了：企业经营者既抓管理，又抓销售，还抓运营、抓产品……每天忙忙碌碌，无暇顾及生活，可企业仍然停滞不前，企业经营者最后身心俱疲。

我常常想起 10 年前与我交流过的一位企业经营者。在一个充满希望的春天，他激动地向我喋喋不休地说着他的梦想，一个想把企业做到细分行业世界第一的梦想。10 年后，这位企业经营者耗尽了自己的精力、健康和金钱，倒在了凭借一腔热血奋力摘取现代工业明珠的过程中。最后，企业倒闭，他也淹没在商业的历史长河中，没激起一丝涟漪。

这一刻，我背过身去，禁不住潸然泪下。我认为，我们理应对他的奋不顾身给予真诚的理解和掌声。

今天的中国企业已经进入了一个理性复归的时期。随着中国经济的巨大进步和宏观环境的成熟，那些仅靠一腔热血就能建功立业的土壤已经不复存在了。现在，任何一家企业都不可能仅仅依靠一个创意或一段故事就取得成功。中国企业从机会成长、野蛮生长阶段，进入战略成长阶段，知识和理性成了新经济时代最重要的生存法则。

这是我作为企业管理教育工作者的使命所在。从我身着白衬衣走上讲台的那一刻起，我就立志要用自己毕生的力量和热爱，尽可能让企业经营变得更简单、更高效，让企业经营者少一点儿忙碌、少一点儿疲惫，多一点儿高效、多一点儿“诗和远方”。我捧着一颗心来，不带半根草去，全力以赴，只为一场“改变”——让实效改变企业经营者，改变世界。

大道至简。17 年以来，我一直在迭代课程，不断地做减法，不断地去除“枝叶”，从刚开始的规律论到现在的本末论，我一直在寻找企业经营的第一本质，力图让企业经营变得更简单、更高效。

在中国的思想家中，庄子是最特立独行的一个。他将老子的道家思想引入人生哲学，从而建立自己的哲学体系。我在读庄子的《养生主》一文时，感慨万分。首先，我感叹他的智慧，他在那个时代就能够站在一个很高的维度，把“有限”“无限”这样的概念思考得那么透彻。其次，他清楚地告诉我们，因为时间和精力有限，不可能什么事情都做，必须取一舍九。

一位画家在作画时做了取一舍九，成了最具创造性和影响最深远的艺术家，他是毕加索；一位企业家在经营企业时做了取一舍九，让企业成为世界上最值钱的企业，他是乔布斯；一位政治家在经营国家时做了取一舍九，让国家实现经济腾飞，他是里根……

曾经的我用了不到 10 年的时间经营一家还算成功的企业，但当企业遭遇风浪，突然陷入困境之时，在毁灭性的打击之下，我才幡然醒悟，开始思考思维、行为和结果之间的关系，开始真正地运用取一舍九的经营思维和方法论。这也成为我人生中具有转折意义的一刻。

在真正实践了取一舍九的方法论后，我才洞察到企业各个经营环节中的第一本质，我的时间和精力变得充沛，企业经营变得高效且成本最低，企业走上可持续发展的道路，焕发出勃勃生机。

我一直坚信：商业是人类历史上最伟大的力量，它反映在每一个参与者的行为上。每一家企业都是力量的捕捉者、践行者，同时，企业经营者也是历尽艰辛的一批人。因为我们终其一生都在挑战人性，我们从一开始就面临着选择、取舍，我们要时刻提醒自己将贪婪抛之脑后，我们必须从纷杂繁复的表象中抽丝剥茧，找到第一本质。

时代在发展，我不能保证现在洞察到的企业各个经营环节的第一本质永远是企业经营“唯一的真相”。所谓的“唯一”，其实是基于事实的“二次建构”，是书写者在价值观的支配之下，对企业经营进行的基本假设。我能保证的是，当下它们确实是企业经营的第一本质。

从我出版自己的第一部作品开始，我要求自己每年写出一本书，到今天为止，这个“自我约束”已经长达 10 余年。可想而知，其间有多少危崖深壑、漫漫苦路。好在，我终于走过来了。每一次写作，都是一次总结、复盘、迭代，是一次自我的检视和“内圣外王”的修炼。

如果读者能够从企业经营的本质去看，从取一舍九的哲学维度去看，就会发现取一舍九的本质是回归经营的根本。取一舍九的最终结果是“九九归一”。

“九九归一”出自老子的《道德经》:“道生一，一生二，二生三,三生万物”。其寓意归根结底，循环往复，以致无穷。这是一种回归本质，不断升华再造的状态和哲学思维。

东汉学者许慎在《说文解字》中对“一”也有类似的解释:“一，惟初太始，道立于一，造分天地，化成万物。”意思是说天地造化，万千道理都出自最开始的“一”。

可见，“取一舍九”中的“一”和“九九归一”中的“一”既代表最为简单的本质，也代表最为丰富的整体。

所以《道德经》后来又说:“天得一以清，地得一以宁，神得一以灵，谷得一以盈，万物得一以生，侯王得一以为天下正。”这段话中的“一”是指事物最本质的客观规律。也就是说，万事万物只有遵循最根本的规则运行，才会各得其所。

“九九归一”是从来处来，往去处去，又回到本初状态。其实，这种回归不是简单的返回，而是一种升华，一种再造，一种涅槃，更是一个新的起点。

经营企业也是如此——企业各个经营环节的“一”，就是第一本质，是最本质的客观规律。取一舍九的哲学思维就是将一切归原，删繁就简，恢复最初“一”的原始状态，找到本质上的“一”，最后“九九归一”，终成正果。

取一舍九不仅可以运用到企业经营中，还可以运用到生活、学习中。诗人泰戈尔曾经说过：“有一个夜晚，我烧毁了所有的记忆，从此我的梦就透明了；有一个早晨，我扔掉了所有的昨天，从此我的脚步就轻盈了。”

关于取一舍九，我们必须牢记两个字：“心”和“善”。佛说“三三见九”，行的是善；佛说“九九归一”，修的是心。